佐賀の逆襲

かくも誇らしき地元愛

小林由明

言視舎

プロローグ

苦節150年。満を持して、佐賀の逆襲が始まった……かも

この本を書き出すにあたって、まずは個人的な思い出から書かせていただきたく思います。

かれこれ35年ほど時を遡り、著者が福岡市内で大学生活を送っていた、とある日のことです。生まれも育ちも福岡市の後輩が、ぼくのところに来て、こう言いました。

「小林先輩、ぼく、来月から養子に行くことになりました。それで……」

後輩は、若干口ごもったあとに、こんなカミングアウトをしたのです。

「来月から、実は……福岡県民じゃなくなるとです。あの……佐賀県民になるとです」

口調は努めて冷静さを装っていましたが、佐賀県民に……の件《くだり》で見せた、後輩のなんとも言えない表情が、版元から本書『佐賀の逆襲』の執筆依頼をいただいたときに、なぜとなく鮮やかに甦ったのです。

その、何とも言えない表情は、以後、記憶の片隅に追いやられてしまったのですが、思いがけな

い時・ところで見ることとなりました。

著者が日本を離れ、遠くモロッコのタンジールで暮らしていたときのことです。ヨーロッパからジブラルタル海峡を渡ってきた、ポルトガル人カップルとカフェで意気投合しました。ひとしきり旅やお互いの国の話で盛り上がったあと、バルに繰り出しました。そのバルではそれこそ、世界各国の音楽が雑多に流れていました。モロッコ最北のタンジールは、ヨーロッパから近いので、ラジオはおろかスペインの携帯電話の電波すら届くのです。アラブにアフリカ、もちろんUSAのヒットチャートなんかも流れて来ましたが、突然、日本人のぼくにもどこかしっくり来るような旋律が聞こえて来ました。

「これは、ぼくの国の古い音楽だよ。ファドっていうんだ」

ポルトガル人が、そっと耳打ちしてくれたので、ぼくも耳を傾けます。傾けながら旅人の横顔を見ると、これもまた、今まで話していたときとはぜんぜん違う、何とも言えない表情で聞きいっていたのです。そのとき、不意に後輩のことを、一瞬ですが思い出しました。

あとで、ポルトガル人に独特な、何とも言えない感情のことを「サウダージ」と呼ぶことを知りました。サウダージには、古《いにしえ》への郷愁という大きなキーワードがありますが、隠し味として、単純に懐かしむという以上に、哀しみとも切なさとも言いかねる、独特な何かが欠かせません。

なぜ、こんなことを書いたのかと言うと、今回の佐賀取材で話を聞いたり一緒に飲んだ佐賀人のふとした瞬間の表情と、びっくりするくらい似通っていたからです。ちょっと語呂合わせなのが説得力を欠くかもしれませんが、サウダージをもじって「**佐賀ダージ**」というのが、あるのかもしれないなと、著者はひらめいてしまいました（とにかく、なんでもいいから言葉にしてしまわないと、本の場合は先に進まないことが多いのです）。その意味も込めて、佐賀人独特のサムシングを、著者は「佐賀ダージ」と呼ぶことにしました。本書の構成は、ここから始まったのです。

さて、構成をざっくり述べますと、次のようになります。

本章の後にもって来たのが、**今からちょうど10年前に大流行した、佐賀に関するヒット曲です**。タイトルも「ＳＡＧＡ」。パンキッシュな曲調にのって歌われる佐賀のエピソードの数々は、当時の佐賀の人たちにとって、ますます自分が佐賀人ということを言いづらくする効果抜群なものでした。ぼくが「佐賀ダージ」を痛切に感じたのも、推して知るべしでしょう。ただ、あらためて聞くと、内容が古いのでは？という思いも頭をもたげ、それならいっそ、佐賀の人と知恵を絞ってリニューアルしてみたらどうか、と声をかけたところ、さすがは２０１３年の佐賀の人たちは、もはや吹っ切れたのか、悪だくみならぬ良だくみに乗ってくれました。この時の模様を前と最後のほうに分けて配しました。

次に歴史です。吉野ヶ里で有名な佐賀ですが、調べると縄文時代から始めなくてはなりません。ただ、歴史的なポイントに関しては、比較的容易にピックアップできました。メインはやはり、江戸幕府の末期から明治維新にかけてとなるでしょう。坂本龍馬のような派手な立ち居振る舞いこそありませんが、明治政府を実務的に作り上げた傑物のオンパレードぶりには、一瞬、たった1冊で収まるのかという懸念すら生じたくらいです。この時期に関しては、別に章を設けて、傑物を通した佐賀の今昔をあらわそうと試みました。

続けて、来てみて驚愕と感動の連続だった佐賀の魅力を、2章に分けて書きました。章のタイトルは、取材を続ける中での著者の実感「**もしも日本に佐賀がなかったら、今の日本はマジありえないぜ**」とか「**佐賀の見所ってたくさんあるじゃん、でも、どれもこれもが佐賀以外じゃとんと見かけないものばっかだもんなぁ**」なんかが、一番色濃く反映されているといっていいでしょう。「佐賀ダージ」に続いて、新たな造語も登場させました。

ところどころにはさんだコラム記事には、情報というよりも、著者の本書にかける思いを強調できるものを選びました。

こんな感じです。

〝笑う地域活性化〟シリーズは、佐賀で数えて10作目となるでしょうか。九州からは初登場ですが、版元ではこのコンセプトで出版をシリーズ化するにあたり、真っ先に候補となったのが、実は佐賀だったそうです。ただ、東京からの距離が発売を大きく遅らせてしまったことは否定できません。それだけ、満を持しての思いがあるのです。

ムツゴロウ(佐賀市観光協会HPより)

若干、出遅れてはしまいましたが、今こそ佐賀! そういう思いで担当させていただきました。著者は、鳥取は八頭《やず》町出身の父親と、宮崎は延岡出身の母親との間にできた宮崎人。19歳で大学に入るまで、佐賀との縁はないに等しいものでした。しかし、大学時代の忘れられない体験から今に至るまで、数多くの佐賀人と出会い、その度に彼らの持つ「佐賀ダージ」に感銘を受け続けています。

本書の狙いは佐賀を「笑う」ことでなく、あくまで佐賀を「活性化」していくことです。佐賀については、なにがしか書けば必ず独特な笑いがついてくるのもわかってしまったので、著者は「地域活性」に焦点をあてさせてもらいました。

佐賀人は、佐賀が大好きです。ただ、アピールの仕方をよく知らないのです。

「佐賀ってなに?」

こう問われたら、

「これ読めば、だいたいわかるよ、わかってほしいなぁ」

そういう本であってくれればと、願いをこめてみました。

目次

※本書に登場する人々の肩書き、施設等のデータは取材当時のものです。

佐賀県
馬渡島
加唐島
松島
小川島
加部島
神集島
向島
玄海町
大島
高島
唐津市
伊万里市
佐賀市
神埼市
吉野ケ里町
上峰町
みやき町
鳥栖市
基山町
多久市
小城市
大町町
江北町
有田町
武雄市
白石町
嬉野市
鹿島市
太良町
長崎県
福岡県
熊本県

第1章　あれから10年

今をさかのぼること、ちょうど10年。２００３年6月21日。

「皆さん、ぼくのふるさとは九州の佐賀県です」

ドンドンダダダンのリズムフェードインとともに、このＳＥで始まる1つの歌が、その年の紅白歌合戦に歌い手を出場させるくらい、大ヒットとなりました。巷では**島田洋七**の『**佐賀のがばいばあちゃん**』がベストセラーの発射台から飛び立って、ロングセラーの軌道に乗っていた時分です。

ある意味、この「ＳＡＧＡ」が、佐賀人の自虐観をさらに増幅させてしまった側面も否定はできないかもしれません。

「ちょうどヒットしてたとき大阪で学生してたんですが、どこの出身？と聞かれて、思わず『**福岡から長崎に向かう途中**』と答えてしまいました」

という30代女性、今でも苦虫をかみつぶす70代男性。紅白出場曲というインパクトが、簡単に消せる過去という人間の特技を、佐賀人から奪ってしまったようなのです。でも、一方では「面白い歌だと思いましたよ」との声もあります、声の主は鳥栖の人です。このあたり、国内ばかりでなく県内地域差も踏まえないと、業績としての評価は定まらないでしょう。

10年経った中での反応なので、完全に歴史になってしまうのは、もう少し先のことかもしれません。

ともかく、10年の時を経て今年、2013年の某月某日、九州内某所にて、とある委員会が密かに立ち上がりました。メンバーは、著者ともう一人の名誉佐賀人（大分人）を除いて、すべてが老若男女の佐賀県人。大学生から公務員、ＯＬから主婦と、職種も多種多彩です。委員会の名前は**「ＳＡＧＡを勝手に検証委員会」**です。委員長は一応、発起人である宮崎人の著者が務めさせていただきました。

ルールはたったひとつ。歌詞の内容に関して、ひとりでも「ある」と言った場合は、その言葉をもって有無を言わさず事実と認定する、というものです。

さぁ、目の前にでっかいピッチャーが音を立てて置かれました。乾杯が、委員会の合図。委員長の短めの挨拶「スピーチとスカートは短いほうがいい、などと申しますが……」とともに、一同ぐびりとやって、委員会の本題が始まりました。あ、未成年者はウーロン茶で。

なお、個々のプライバシーを考慮して、誰がどの発言なのかは具体的には書きませんが、「　」内の言葉は、可能な限りそのときの発言を忠実に再現しております。一部、あまりに聞き取りづら

「佐賀県」歌詞　　作詞・作曲：はなわ

SE：皆さん、ぼくの故郷は九州の佐賀県。今日は佐賀県のすべてを伝えます。
皆さん、佐賀県民になったつもりで、この曲を聞いて下さい。

佐賀県

今日も　登下校する子供達は　歩きなのにヘルメット
車なんてめったに　通らないのに　蛍光テープをつけたヘルメット

クラスの半分以上が　同じ床屋
そして残りの半分が　お母さん

佐賀にも　やっと佐賀にも　牛丼屋ができた
オレンジの看板だけど　名前は「吉田屋」

マジで　ヤンキーがモテる（ヤンキーがモテる）
マジで　キャミソールって何？（キャミって何？）
マジで　蟻がデカい（デカい）
なぜか知らないけれども　ナタデココが今ブーム

ＳＡＧＡ佐賀
ＳＡＧＡ佐賀
松雪泰子も佐賀　公表してねぇ

バスに乗って佐賀の県道を走ると　一面田んぼだらけ　まるで弥生時代
建物と言えば民家しかないから　バス停の名前が「山下さん家前」

出かけるときに鍵をかけるという習慣が　佐賀にはない
家族旅行から帰り玄関を開けると　隣のおばちゃんが下着で寝てた

県にはそれぞれ　素晴らしいキャッチコピーがあるんだ
埼玉の場合は「彩の国さいたま」
沖縄の場合は「行こうよおいでよ沖縄」
なのに佐賀の場合は「佐賀をさがそう」
佐賀の人間　とってもネガティブラー

ＳＡＧＡ佐賀
ＳＡＧＡ佐賀
牧瀬里穂もやっぱ佐賀　公表してねえ

ＳＡＧＡ佐賀
ＳＡＧＡ佐賀
江頭も佐賀　公表するな

ＳＡＧＡＳＡＧＡウォウウォウ佐賀県
ＳＡＧＡ佐賀　これが　かなしいSAGA

歩きなのに
ヘルメット
車なんて
めったに
通らないのに
蛍光テープを
つけた
ヘルメット
クラスの
半分以上が
同じ床屋
そして
残りの
半分は
お母さん
佐賀にも
牛丼屋が
できた
オレンジの
看板だけど
名前は
吉田家
準備中

い佐賀弁の個所だけは、著者判断で変えてあります。

▼今日も、登下校の子どもたちは、歩きなのにヘルメット……

「それはない！」

「**歩きなのにヘルメットは嘘**」

いきなり来ました！

自転車通学でヘルメットは、宮崎でも普通に見かけるし、県庁所在地である人口30万の佐賀市内でも数回見かけました。あと、歩きの子どもたちはたいてい体育帽なんかを被っているものです。これは、お笑い芸人の「つかみ」として誇張、というか「創作」したものだろうという話で落ち着きました。事実とは違うが、まぁ大目に見てやろうじゃないか、という佐賀人の心の広さが、さっそく垣間見えました。

「でも、行ってみて気がついたんですが、自転車、同じ型のものが多いように見えたんですけど……」

と、ぼくが言うと、覚えのある佐賀人がジョッキを空けながら、

「あぁ、そう言えば……。で、原色の色違いなんでしょ、それ？」

「そうですそうです、ジョイフルや駅南口の西友駐輪場にありました。結構目立ちましたよ〜」

などと、思わぬ盛り上がりを見せました。その自転車、確かめたわけじゃありませんが、ひょっとして学校指定自転車屋で、共同購入したものかもしれません。色違い、ピンクをはじめ暖色系が目立ちました。その辺りの思い出観察でも手応えが得られたので、リニューアルバージョンに、元歌詞をアレンジするカタチで、入れてみました。

「車なんて滅多に通らないのに、蛍光テープをつけたヘルメット」の部分は、出だしと対をなす内容で、これ自体を検証しても意味はないという結論に至ったので、割愛します。ただ、こんな軽い突っ込みはありましたけどね。

「ヘルメットには蛍光テープは最初からついとるものであり、自分で付けた記憶はなか」

あと、こんな意見もありました。

「佐賀県内にあるすべての小中学校に確認してみらん限りは、事実かどうかをここで断じるわけにはいかない」

これは、ぼくが、**おお！　ここはまぎれもなく佐賀県だ、と実感した意見**でもありました。同様の意見は、この後にも出てきます。

▼クラスの半分以上は、同じ床屋。そして残りの半分は、お母さん

実は、著者にとっては「ピンとこない」歌詞パートであり続けました。要するに同じ髪型の子ど

もたちが多いことを言いたいのかなぁ?

　などと思いつつ頭の中に「?」が留まったまま、持ち出してみると、菱刈町(小城市)出身の男性(30代半ば)が、

「オレ、中学校を卒業するまでは、母ちゃんに髪切ってもらいよった」

と仰るではありませんか!　ひとりでも同調者がいたら事実と認定という当初のルールにしたがって、この歌詞はイキ!となるはずでしたが、

「それ、何年前のことよ?」

なる突っ込みがあって、リニューアルにはどうか?をひとしきり議論の後、決済は会長である著者に委ねられることになりました。

「ところで、菱刈と言えばムツゴロウですよね。ぼく、柳川(福岡県)でうなぎの蒸籠蒸《せいろむ》しといっしょにムツゴロウの蒲焼きを食べたことがあります」

　ぼくが言うと、その人はちょっと対抗意識が出たのか、

「ムツゴロウは菱刈に限る!」

　語気を若干強くして応じたのですが、その際に、唐津出身の女性が、なんとも怪訝そうな表情に一瞬なったのを、著者は見逃しませんでした。

▼佐賀にも、やっと佐賀にも牛丼屋ができた。オレンジの看板なのに、名前は「吉田屋」

「うち、**食べに行ったとよ、唐津の吉田屋まで**」

生まれも育ちも武雄市の女性（40代前半）の証言で、牛丼の吉田屋が当時、唐津にできてたことが実証されました。歌詞中で初の「事実」です。

彼女の証言が続きます。

「そこはね、普通の牛丼と、佐賀牛の牛丼があったんよ。普通のが850円、佐賀牛のが1、500円したっちゃね。高いやろ〜。でも、味がよかったらまだ良かったたんやろうけどねぇ……。2回目はなかったね、私の中では」

2013年6月の唐津市、著者は念のため探してみました、牛丼の吉田屋を。虹の松原で開業し、またたく間に評判になった「**唐津バーガー**」は見事市内に進出、近所のOLさんたちが列をなしておりました。しかしながら、肝心の吉田屋、どこにも見当たりません……。

唐津市で見つかったオレンジ色の牛丼屋は、歌詞の中ではないことになっていた「吉野家」でした。佐賀市内には「すき家」もありました。10年の歳月を、感じずにはいられませんでした。

▼マジで、ヤンキーがもてる

あらかじめ……と、こんな中途半端な段階でおことわりしておきますが、今回の委員会にヤンキー出身者は、ひとりもおりません（内心、残念）。その委員会メンバーが、歌詞の中で唯一、満場一致で

「事実！」

「わかる！」

と答えたのが、このフレーズでした。

佐賀のヤンキー……ぼくにはどうもピンとこないのですが、どうやら夜のコンビニ前にたむろってる若者たちのことをイメージしてるようです。そして、若くして結婚し、出産し、赤ん坊の無邪気な笑顔が、後戻りのきかない危ない道に踏み込むのを留まらせ、上下スウェットにサンダルという外見だけは残しながらも幸せに暮らすそうです。実にほっこりしますね。

▼キャミソールって何？

著者が見渡した限り（あくまでリサーチですよ、リサーチ！）、佐賀の女性は、肌の露出具合が、

確かに、相対的に高くありませんでした。歌い手も、きっと、そのことを伝えたかったのでしょうかね。

「10年前、私はキャミソール、一応着とったよ。それで天神ば歩きよった。佐賀市内で？　いや、誰に見られるかわからんけん、**市内では着らんかった**。親に告げ口されたら大事《おおごと》やん」

天神とは、福岡市の繁華街。東京だと表参道、大阪だと梅田にあたる中心街です。健康な女性は「見て！」と言わんばかりな露出で、道行く男どもの目の保養に一役買ってくれます。そして芸能人スカウトたちのメガネにかなうことを計算してる娘も、少なからずいるようです。

ひるがえって佐賀市内。スカウトはまずいません。人も駅前なのにまばらです。どうして女性の本分発揮ができるでしょうか。著者が女であれば、無駄な努力はしないです。そして、著者には、キャミソール以上に気になる視覚現象がありました。

「ひとつ気づいたんですが、佐賀ってミニスカートの比率が、ものすごく少なくありませんか？」

一同、顔を見合わせ、ひとしきり考えます。すでに頭の中は佐賀平野で採れた日本一の生産量の二条大麦で作られた（かもしれない）、琥珀色のアルコール約5％の液体に浸されかけている状況です。

「……確かに、見ないな」

「海水浴しても、水着の上からTシャツ着るよな」

「他県もそうなんじゃないとね？」

マジで
ヤンキーが
もてる
マジで
キャミソールって
何？
服
買えないんだぁ
ビンボー
なんだぁ
あ、
下着で
歩いとる
家族旅行から帰り
玄関をあけると
隣のおばちゃんが
下着で
寝てた

質問をされたので、著者はこう答えました。

「福岡は、皆さんご存知のとおり、ミニスカートのオンパレードです。ミニどころかマイクロさんもかなりの確率で見かけます。宮崎は、意外にミニが多いです。熊本はおシャレさんが多く、なんたって森高千里の出身地です。鹿児島は……ぼくの印象では二分されますね、ミニ派かノーマル派に。長崎と大分は、今イチ傾向がつかめません。佐賀は、明らかに少ないです」

「ワタシ、高校時代には制服たくしあげてミニにしとったよ」

おお！

男性陣からどよめきが挙がります。どのくらい？と聞いてみました。

「……くるぶしが見えるくらい」

今度はため息がもれました。そのニュアンスは明らかに期待はずれ……。やっぱり、そこが佐賀の限界……というものでしょうか。

▼アリがでかい

「それは当たっとると思う。北方《きたかた》（武雄市）じゃ、アリだけやなくって、**ほかの虫も普通サイズの1・5倍**は間違いなくある」

冒頭にも書きましたが、「ＳＡＧＡを勝手に検証委員会」の基本方針は「ひとりでも認めたら、その言をもって事実と認定する」という規約に同意したものでのみ構成されます。したがって、このフレーズも堂々の「事実」その2として認定されました。

▼なぜか知らないけれど、ナタデココが今ブーム

歌詞で歌われる「今」というのは、「SAGA」の発売された2003年、つまり10年以上も前のことです。さすがにナタデココのことは、皆さん知ってました。10年前に知ってたかどうか、こぞって食べたことがあるかどうかは、記憶にない人がほとんどでした。

「歌の流れ上、ムリクリに語呂で出してみたんじゃない？」

「佐賀じゃなくて、埼玉とかで流行ってたのを、佐賀に持ってきたとか？」

「はなわ（あ！）自体、ナタデココを歌うまで知らんかったとじゃなかね」

なんともまぁ、いくら記憶にないとはいえ、無責任な意見が飛び出してきます。ちなみに佐賀市限定のご当地グルメには、別章で紹介する「シシリアンライス」というものがあります。ただ、ブームかどうかになると「？」と言わざるを得ません。名前を知ってるだけではダメなんです。その意味では著者の地元である宮崎は延岡発祥の「チキン南蛮」に軍配が……。あっ、すみません、つい熱くなって無駄な競争をしてしまいました。

「ブームって言うなら……そうだなぁ……ボウリングじゃなかね？」

やたらに広い歩道

最近その人のマイブームがボウリングだそうです。**「佐賀のボウリングはゲーム代が安いとよ♫」**なので、ひとまず、ボウリングを暫定的に「2013年のブーム」としておきましょう。

▼バスに乗って佐賀の県道を走ると、まわりは田んぼだらけ、まるで弥生時代……

私事になりますが、著者の継続中マイブームに「亀甲走り」というのがあります。

地域活性化にまつわる雑誌取材で、それこそ東へ西へ、南へ北へ、年3万㎞ペースで車を走らせてると、九州内の国道は、実はそろそろ走り飽きてきてます。そこで、ある時期から、できるだけ県道を走るようにしました。

ご存知かとは思いますが、国道の表示は「おむすび形」を、県道の表示は「亀甲形」をしてますよね。

なので、ぼくの中ではドライブの場合、どの道を走るかによって「おむすび走り」「亀甲走り」と言い換えて楽しんでます。で、今は「亀甲走り」がマイブームということなんです。

佐賀県の場合、国道にしても県道にしても、初めての人にも非常にわかりやすいのが特徴です。その理由には、県自体が広くないこと、佐賀平野がだだっ広いこと、車道がとても広いこと（ついでに言えば、歩道だってとても広い）、標識がこまめに設置されており、地元の人にしかわからないような地名表示板が少ないこと、などが挙げられます。なので、ひと月時間をもらえれば、国道はもちろん、歌詞にある佐賀の県道も走破することは充分に可能だと、走破する前から想像がついていました。

「これが歌われたのは10年前やろう？　10年もたてば、田んぼが埋め立てられて工業団地や住宅地になっとるところだって、ずいぶんあるとやないかね？」

「だいたい、どこの県道かを具体的に書いとらんからなぁ、県道にも住宅密集地を突っ切って、逆に田んぼはどこ？　みたいなのも結構あるはず」

「弥生時代ち言うたら、吉野ヶ里遺跡の近所のことかいな？」

「小林さん、いっそ全部走ってみたら？」

う……う〜ん。そりゃ確かにそうなんでしょうが、いくら広くないとはいっても、なんせ県ですからね。

一応、この委員会の決起集会のあとに、亀甲走りを数路線、やらせていただきましたが、「一面

佐賀空港周辺

田んぼだらけ」の表現に最もふさわしいのは、有明海に向かう路線の、特に佐賀空港につながるいくつかの県道でした。江戸時代から今日に至るまで、干拓農地の拡充がなされ続けたエリアです。なんせ、路線によっては、佐賀空港から最初の民家まで5分もの間、田んぼしかありませんでしたから。

「でも、次のフレーズと一体になっとるみたいやから、ここだけいじくっても、おかしくなるっちゃなかとね」

という鋭い指摘も飛び出したところで、次に進めます。亀甲走りの話は、また機会をあらためて、その醍醐味など伝えることができたらいいなぁ～と思います。

▼建物と言えば、民家しかないから、バス停の名前が「山下さん家前」

最初、佐賀の県道を走るバス会社、西鉄さんと祐徳さんに電話して、真相を聞き出そうとも思いました。しかし、委員会メンバーの実に説得力あるひとことで諦めました。

「今は、各自治体がコミュニティバスを走らせとるけん、全部に確認取るのは時間がかかりすぎる。で、一番確かなのは佐賀の県道を全部走破して、自分の目で確かめることやろう。もっとも、それも時間がかかる。そもそも、この歌詞はそこまでするほど、非常に重要かね？」

仰る通り。百聞は一見に……でございますです。そして、個人的には、重要ではあるけれど、ガソリン代と各自治体への問合せに時間を費やして確認するほどには「非常に重要」とは言いがたい。

「コミュニティバスやったら、足腰の弱いご老人が乗車しとったら、ちょっと筋をずらして、家の前まで乗り付けるくらいは人情でする運転手がおっても、ちぃとも不思議じゃないばい。**佐賀人やったら、そこまで義侠心ば持ってもおかしくはなかよ**」

この発言も、非常に説得力がありました。笑いは笑いでも、微笑ましい類の笑いですね。ひょっとしたら、真相を確かめないほうが、夢が続いて良い歌詞かもしれません。いや、真実は確かめないほうがいい、確かめてはいけない。そう思えてきました。

そんなわけで、ここは直さず、流用にふさわしい歌詞として、今後とも歌い続けていただきたいと思います。

▼出かけるときに、鍵をするという習慣が、佐賀にはない……

「あ、うちもそう言えば、鍵穴すらなかったごたる」

「都市部ならいざ知らず、田舎で鍵をかけない習慣は、別に佐賀に限ったことじゃないっちゃなかね？」

「オレの婆ちゃん家は、そうやったばい」

はい！　その通りです。著者も実は、幼い自分の思い出は、家に戻ると、隣に住む幼なじみが、ぼくの机の下に潜り込んで『月刊少年ブック』を読みふけってるとか、家の冷蔵庫が満杯になってしまったので、向かいの人の家の空きスペースを使わせてもらいに走るとか、そんなのしょっちゅうでした。なので、家に鍵をかけるという発想すらなかったものです。

10年前の佐賀でも、そう歌われているわけですが、

「ただ、これを事実として認めてしまっては、悪だくみを考える輩がどこかしらにいないとも限らんけん、あるかもしらんしないかもしらん、くらいにしとかんと。もしも万が一のときには、我々が責任ばとらにゃあいかん」

非常に現実的な突っ込みがあったので、次の「家族旅行から帰り、玄関を開けると～」のパート

とともに、以前は事実だったかもしれないが、今もまだ事実かどうかは、むにゃむにゃ玉虫色ってことに相成りました。

▼松雪泰子、牧瀬里穂、江頭2：50……有名人の佐賀公表について

このあたりの検証に差し掛かったころには、すでにビールじゃなく日本酒と焼酎に移行。それぞれのお国自慢の銘柄をめいめいが注文して、くいくいと進めておりました。つまり、めいめいの呂律や記憶に、徐々に信憑性と冷静さが失われてきつつあったのです。

かいつまむと、こんな流れです。


「**松雪泰子**は、あれだな、鳥栖の出身やったっけ？」

「鳥栖商業出身よ。もう公表しとるとよ。なんか、楽屋かどっかで顔を合わせるなり、**はなわ**（ア～また言っちゃった～）が土下座して謝ったらしいやない」

「鳥栖って、こないだ決まったミス・インターナショナルも確かそうじゃないですか？」（この発言は筆者です）

「**吉松育美**さんやろ。おかしかね～？　ふだん通るけど、そんな美人、見かけんとに」

「そりゃ、あんたが通る道がおかしいんやろう」

「**牧瀬里穂**は、どうでしょう？」（これも著者です）

松雪泰子も
さが
公表してないわけじゃないのよ
牧瀬里穂も
さが
でも、わたし佐賀には中学、高校のときしかいなかったもん
江頭も
さが
俺ももちろん
さが

「知らん、彼女はどこね？」

「オレは、**中越典子**ちゃんば押すね！　２００７年に佐賀北高校が甲子園で優勝したとき、テレビではしゃいどったの覚えとる。彼女の出身校やったんよんね」

「江頭は、佐賀には多い名字なんですかね。国道２０８号線を走って筑後川に近づいてくると、でっかい『江頭薬局』の看板が目立つんですよ」（これも著者）

「ああ、佐賀はね、『江』のつく名字が多いんよ」

「江崎さんに江添さん……おるね～」

「そもそもグリコとリクルートは、佐賀が発祥やもんね」

「副島《そえじま》も多いよ～、樋渡《ひわたし》もけっこうおる。南里《なんり》？　別に珍しくはない」

むー聞いてると、我が宮崎にはまったく馴染みのない名字が次々に飛び出してきます。というか、もはやこうなると、あの江口はどうの、小城の南里ちゃんは美人やったなど、それぞれの同級生の消息やら思い出話が炸裂し、収拾どころか、もはや「ＳＡＧＡ」検証からの軌道修正が困難になりつつあります。

手遅れにならないうちに、強引に先に進めたいと思います。

▼それぞれの県のキャッチフレーズについて

「佐賀の人間、とってもネガティブラーって、歌いよらんかったっけ?」

目の据わりかけた40代女性が、声変わりしたのかってくらい著しく変化した声でもって、誰にともなく問いかけました。

「おお、言うた言うた！　えっと、佐賀の場合は『**佐賀を探そう**』やったぞ」

「それ、CMで一時期流れよったやろ～。うち、見たことあるばい」

「どんな内容やったっけ～」

「忘れた～なんか暗かったことくらいしか覚えとらん～」

まぁ……こうなるともはや、委員会の体を為してはいませんね。アルコール付で実施したから、いけなかったのかもしれませんが、だからといって誰も責めることはできないです。

観光パンフレット

埼玉が今も「彩の国さいたま」であり、沖縄が「行こうよおいでよ沖縄」なのかは知りませんが、今年入手した佐賀県の観光パンフレットで一番目についたのが「**思い立ったら佐賀**」なのは確かです。

ちなみに、著者の生まれ育った宮崎県の今のキャッチフレーズを、ぼくは知りませんが、移住・定住キャンペーンでは「来んね住まんね宮崎」が、前の東国原知事のときに発案され、しばらく大いに使われておりました。

ふぅ……。

ということで、なんとか、歌詞検証という、委員会当初の目的を達することができたと、委員長としては一応及第点を出しておきます。

有明海の干潟(佐賀観光協会HPより)

ただ、著者の思惑としては「SAGAを勝手に検証委員会」を解散直後に、引き続き「SAGAを勝手にリニューアル委員会」決起集会になだれこむ算段をしていたのですが、思いのほか皆さん、酒に呑まれてしまいました。なので、続きは単独作業でおこなうことにします。その成果については、実際取材を経た最後に用意しました。できれば……できれば、ですが、順番にページをめくって、目を通していただけたらと思います。

そんなの読者の自由じゃん、そう切り返されたら言葉もありませんがね。

では、本章をここで締めくくります。最後に、とある曲のことについて書いておきます。はなわの「**故郷**」（作詞・作曲：はなわ）というタイトルです。「うさぎ追いし～」ではなく「父ちゃん母ちゃん～」のほうです。

大変失礼ながら、著者はお笑いタレントの作った歌＝コミックソングという偏見方程式が、いつの間にか頭の中にできあがっておりました。それゆえ「故郷」についても、同じ気持ちで接してしまいました。YouTubeの書き込みにあった「普通に名曲」という表現をいぶかりながら……猛反省しています。告白すると、ちょっと、いや結構、泣いてしまいました。「故郷」の具体名はどこにもありませんが、

「天山の山、電線にカチガラス、目の前に広がる有明の海」

この一節で、すべてが表現されているじゃあありませんか。**天山**は、佐賀の銘酒ラベルにもある佐賀を代表する山、**カチガラス**は、次章にも出てくる佐賀の県鳥です、**有明の海**に関しては言うまでもないでしょう。

歌い手が東京を目指したいきさつや、東京での故郷に対する募る思いも、みっともないくらい露骨に歌っています。特に、胸に突き刺さったフレーズが「この町が嫌いで～」という箇所。

佐賀の人は、佐賀を大好きとまではいかないにしても、好きと言います。取材した人に関してはもれなく、佐賀が大好きと公言しました。そんな中での「嫌いで～」のインパクトは強烈でした。もちろん、ここがあってこそ、彼の佐賀愛は逆に強調されているのも確かです。取材を続けながら、なぜに「ＳＡＧＡ」がこの歌詞でなければならなかったのかも、漠然とですが理解できた瞬間があ

りました。

ほんとうなら、もっとネタとしては受けただろうエピソードも、他にあったはずです。でも、歌えなかった……そのボーダーラインが、ぼくにも透けて見えた瞬間がありました。それは何？と聞かれると……いや、自分の胸にしまっておきましょう。

蛇足ですが……あ～もうじれったいので、名前出します！　はなわさんは、ほかにも**地域活性化（？）ソング**を手がけています。筆者が知る限りでも、埼玉県、千葉県、群馬県、茨城県、青森県、神奈川県、大阪府……あれれ。って、このラインナップ、どこかで見覚えがありませんか（笑）？

ま、ここで多くは申しますまい。

では、次章の密度の濃過ぎる佐賀の歴史に、そろそろ筆を進めたいと思います。


追伸……実は、原稿ゲラ２校を修正中、うっかり（笑）見てしまった「YouTube」にて、当のご本人が「ベース漫談」として、「佐賀県2009」という、「牛丼の吉田屋はとっくに潰れて、跡には『ヤマシタキヨシ』というドラッグストアが建っていた」的なマイナーチェンジ歌を披露しておりました。笑える？

このタイミングで、見なきゃよかったんでしょうが、見てしまった以上は……見て見ぬふりはできませんです。

まったくもう……「YouTube」め（←そこかい！）

第2章　佐賀の歴史

「人に歴史あり」ならば「県に歴史あり」とも言えるでしょう。もっとも、人と県を較べちゃ、その規模も背景も、あまりに違い過ぎます。著者が言いたいのは、佐賀の歴史は、掘り下げれば掘り下げるほど、手つかずな掘出し物（者）のざっくざっく状況なことです。

歴史学を学ぶ、特に佐賀史を掘り下げる人にとって、著者のここでの歴史記述は「あのお方が抜けとうやないか」、「ここは正確にはこうぞ」、「その時代にもっと突っ込まんかい」と、間違いなくお叱りを受けかねないものです。でも、非常に多くの佐賀人が、今や「7賢人？　えっと……副島さん、いたよね？」と虚空を見詰め次の言葉に詰まるご時世でもあります。神武天皇と小村寿太郎と井上嗣也と温水洋一くらいしか浮かばない宮崎人の偉人の乏しさに免じてもらえればと思います（堺雅人もいました！）。

前置きは以上にして、佐賀の歴史、進めます。著者による独断的括りだと、大きくは4パートで構成されます。ひとつは、縄文時代～奈良の律令制までの古代。ふたつめは豊臣秀吉の朝鮮出兵前後から江戸初期。みっつめが最も重要な幕末～明治維新期、最後がこれからの佐賀、です。どうぞよろしくお願いします。

▼弥生どころか縄文時代から稲作を！～縄文時代から奈良の律令制まで

さて、いきなり**菜畑《なばたけ》遺跡**という、地味な名称から佐賀の歴史を始めますことを、まずはご容赦ねがいます。**地味なのに重要、というところが極めて佐賀的**と言えなくもありませんが、事実、唐津市にあるこの遺跡は、日本の文化の根幹をなすくらいに重要な遺跡であることも、また事実です。「agriculture」は通常、農業と訳されてますが、分解すると「agri（農）-culture（文化）」、すなわち人類の「知」の営みに他ならないのです。その先進地域が、佐賀県で１９７８年に発見されました。

足掛け3年にわたる発掘調査で、16層の遺構のうち縄文時代晩期後半12層から水田遺構が見つかりました。１枚が18平米という、まるで家賃8万のワンルームサイズの水田が4枚。発掘までは日本最古だった福岡の板付遺跡よりわずかに古い土器と、炭化米２５０粒ほども出土、うち１００粒以上がジャポニカ種でした。また、直播きで栽培されたという推測もなされています。

弥生時代前期の地層からは、水路、堰、取排水口、なんと木の杭や矢板を用いた畦畔《けいはん》が発掘。こ

日本最古の水田耕作遺跡・菜畑水田

れにより、菜畑遺跡は文字通り、**日本最古の水田耕作遺跡**となり、佐賀は日本で初めて、大規模な水田耕作によって稲作を行なった地であると考えても、決して間違いでないことを実証することにもなったのです。

今から2500~2600年前、日本がまだ「倭の国」と大陸から蔑称で呼ばれていた時期のことです。大和朝廷もむろん存在しません。「魏志倭人伝」では、今の唐津一帯は末盧国と呼ばれていましたが、その名前をとった末盧館という歴史資料館には、出土した炭化米や鋤、鍬などの農業用具ほかが展示されている他、ワンルーム水田も復元されており、地元の幼稚園や学校なんかの農業体験に使われていました。著者がおとずれた6月下旬には田植の終えた水稲が青々と、風になびいていたのです。直播きしたのかどうかは、さすがにわかりませんでしたけどね。

これからの日本の食料事情を考えると、もっともっと、佐賀は菜畑遺跡のことをアピールしたっていいんじゃないかと思いながら、話は吉野ヶ里に移ります。

日本では「邪馬台国はどこか?」という日本史謎解き論争が、今なお盛んです。九州だ、畿内だ、いやどこそこだ……まぁタケノコ状態です。でも、実はすでに、あった場所については決着がなさ

吉野ヶ里歴史公園

れているという内輪話もどこからか耳にしました。じゃあ、どうして公表しないのかというと、公表したら最後、ものすごい数の邪馬台国学者が職を一瞬にして失ってしまうから、というまことしやかな、しかし、すごい説得力のある話が尾ひれにくっついてきます。なるほど、真実は時に職を奪うのですね、勉強になりました。

それはともかく、**吉野ヶ里遺跡**です。

菜畑遺跡から、佐賀の山のシンボルであり、はなわが「故郷」という故郷愛たっぷりな名曲で歌った天山《てんざん》の反対側。今は神埼市から吉野ヶ里町にまたがる丘陵地帯に、見事に復元された遺跡群。それが吉野ヶ里遺跡です。広さはおよそ117ha。いったい菜畑水田が何枚になるんでしょうか？ うち、73・7haが遺跡公園として、2009年から一般客に開放されています。その中身は5章「佐賀パゴス観光案内」で詳述することにして、ここでは発掘の経緯から歴史的な意義を書くことにします。しかも、かなりはしょります。

まず、**なぜ吉野ヶ里は佐賀平野になかったのか？**　実は縄文時代、佐賀平野は存在しませんでした。氷河期が終了し温暖化した縄文時代前期は、佐賀平野は有明海だったのです。遺跡南端2～3kmあたりが波打ち際だったようです。その当時から干満の差が大きく、大きな干潟（今の佐賀平野）では海産物がたくさん採れたこと、筑後川などの水運に恵まれたこともあり、人が定住する環境として、吉野ヶ里は抜群だったのです。紀元前4世紀、弥生前期には、丘陵の中にもう集落が形成されはじめ、分散されて早くも「ムラ」があちこちに作られました。

南の集落から始まった**環濠**はやがて、中期に差し掛かる頃には丘陵をぐるりと取り囲むくらいに広がったうえに、防御が厳重になっていきます。後期には二重の環濠が、総延長2・5kmに伸び、約40haの敷地を形成します。環濠の周囲には敵からの侵入を防ぐための土塁や独特な形状の逆茂木《さかもぎ》という柵が施され、威嚇と監視を兼ねた物見櫓まで作られました。

そのように厳重に守られた環濠の中には、竪穴式住居に高床式住居、高床式倉庫などのほか、青銅器製造跡も発掘され、それらはほぼ忠実に復元されています。

墳丘墓も多く、中には本州にも見られないスケールのもの（南北46m×東西27m）や、甕棺が14基以上も埋葬されたと推定されるような墓までありました。

弥生後期には、環濠はさらに拡大、集落の最盛期を迎えます。海岸線は次第に後退し、港のようなものもできていたようです。

そのように隆盛を極めていた吉野ヶ里の大規模集落ではあったのですが、**古墳時代にはいると一気に廃れてしまいます**。これは、それまでの戦乱が治まったことにより丘陵に住む必要がなくなったこと、低湿地の水田開拓技術が導入され、平地に住む必然性が生まれたことによります。全国の集落も、同じ経過を辿って消滅します。丘陵は墓地になりました。蛇足ですが、現在、大規模墓地が平地でなく丘陵に造成される傾向が強いのは、地価の問題だけじゃなく、こうした祖先のＤＮＡが受け継がれていると著者が考えるのは、ロマンチックに過ぎるでしょうか。

奈良時代、律令制度時代、神崎郡には役所が置かれたと推定されています。また、条里制という土地の区画整理の名残で、吉野ヶ里以外にも、旧神崎郡内には地名に「〇〇ヶ里」の地名が今も多く見られます。

そんなわけで、古代の佐賀は、実に日本の台所に直結する稲作文化の発祥地であったのでした。素晴らしい。そして、吉野ケ里遺跡は、歴史におけるスマッシュヒットの一発屋だったことも、図らずも知ってしまうこととなりました。時代のあだ花って感じでしょうか。それでも、実際におとずれると、見事な復元の様には感動を覚えてしまいます。

本節の最後に、ふたたびロマンチシズムに浸らせて下さい。この吉野ヶ里から金立山にわたる一帯は、大和町と呼ばれています。長崎自動車道の大和ＩＣ周辺がそうです。何が言いたいのか、きっとわかる人にはわかるのではないでしょうか。あの大和地方の大和という地名は、もともとは佐賀が発祥だったのではないのかなぁ。あ、奈良のかたがた、気を悪くしないで下さい。あくまで著者のロマンチシズムに過ぎないのですから。

という根拠もない戯れ言を言葉の墳墓に残し、時代は一気に特急スピードでくだります。平安さん、鎌倉さん、室町さん、戦国さん、田舎の無人通過駅扱いで、まことに申し訳ありません。

▼人口30万。幻の都市が松浦半島の突端にあった！〜秀吉の朝鮮出兵前後から江戸初期

「申し訳ございません」を、冒頭にもうひとつ。この時代も非常に駆け足です。というのも、律令制施行下の7世紀末、現在の佐賀県と長崎県をエリアとする肥前国が成立してからというもの、荘園や地頭制で統治されていた長いこと、佐賀はいたって平穏でした。戦国時代に突入し、後々に「化け猫騒動」で名前を馳せてしまった龍造寺氏の支配と島津氏とのこぜりあいはあったものの、1587年の豊臣政権による九州国分がおこなわれ、龍造寺氏が領下にはいり、さらに20年後の1607年に、鍋島氏が佐賀藩主となると、以後江戸幕末にいたるまで、ほとんど佐賀太平といってもいいくらいの平穏な治世が続くのです。

おしまい。

いや、著者が「おしまい」と書いてしまっては、元も子もありませんね。

では、なぜ、そんな何もない（ほんとはあるんですよ！）時代にわざわざ一項目を設けたかとい

名護屋城跡。佐賀県立名護屋城博物館所蔵

名護屋城復元模型。佐賀県立名古屋城博物館所蔵

うと、ひとえに標題のことを書いておきたいからに尽きます。玄界灘に面したエリアのお話です。今なら「**ここは佐賀じゃないけん、一緒にせんでくれる**」と、地元っ子が堂々と言い放つ**唐津エリア**ですが、特に、この時代の歴史を見れば大納得。鍋島の「な」の字も登場いたしません。唐津は、江戸時代だけに限定しても、長期間にわたる藩主の一大支配が、ただの一回も登場しないまま明治維新を迎え廃藩になってしまった、鍋島家の一大支配した佐賀と異なり、非常に人間模様の入り組んだエリアなのですが、本書では割愛します。

そして、なにより著者が密かに「日本のカルタゴ」と呼んでいる、幻の大都市がこの地上に存在していたからです。

1587年に九州征伐を終えた豊臣秀吉は、3年後にはもう天下統一を成し遂げてしまいます。国内でやることがなくなった秀吉、欲望の矛先は当然のごとく海の向こう、朝鮮半島に向けられます。

「これから明《みん》を攻めるからさ、あんたたち家来になって協力してくれんね」

秀吉は、こういうぶっちゃけ書簡を時の朝鮮を支配していた高麗に送ります。まぁ、きっと日本統一で気持ちが高ぶり、頭に乗ってしまったのでしょうが、それにしてもまた無茶苦茶な要求ができたもんですね。

で、高麗側は、ごく当然のように「やだよ」とこれを突っぱねます。

「なんだとこの野郎！　朝鮮、天下の秀吉様を舐めるんじゃねぇぞ！」

今の民放あたりの歴史ドラマなら言わせたでしょうね、こういうセリフ。演じるとすれば、あっと、失礼。脇道に思い切り逸れてしまいそうなので。

１５９１年、そのような大陸制覇の野望が満々の秀吉は、松浦半島の突端、今の唐津市鎮西町とイカで有名になった呼子町にまたがるエリアに、**名護屋城**を築城します。正確には、居城だった名護屋城を大改築したのです。なぜまたここに？という問いは、東京＝日本の中心と刷り込まれた現代人の偏見まるだしな問いですが、太閤が城の名前「ナゴヤ」が地元と一緒なのを気に入ったとも、ここの地名（勝男山）を気に入ったとも言われており、ゲンを担いで、という説も否定はできません。

後に熊本城を築いた名手加藤清正も、築城メンバーに加わったようです。

それもあって、いち地方の小城は、５層７階の天守閣に御殿、二の丸三の丸、もろもろの櫓を構えた、堂々たる威容だったようです。たった８カ月の突貫工事で完成した城は、大坂城に次ぐ規模だったとのことです。

標高約90ｍの波戸岬丘陵を中心に17万㎡、周囲約３㎞以内に置かれた陣屋は１２０を数え、さらにその周りには城下町が築かれました。最盛期には人口10万。そこに総計30万を超す兵が全国から集まったため、瞬間的にではありますが、現在の佐賀県の３人に１人が、このエリアに住んだことになる計算です。きっと、ものすごい人口密度だったことでしょうね。物の本には、一気に人口が増えたため、水をめぐる争いが絶えなかったとあります。

秀吉が名護屋城にいたのは、実際は延べ1年2カ月ほどです。甥である豊臣秀次に関白を譲ってみずからは太閤となった秀吉は、大陸に渡った諸将らに指示を出す一方で、茶会を催したり、瓜畑で仮装大会を催したりと、京を離れてエンジョイしたっぽい記述も残されています。ときには天守閣に登り、玄界灘の彼方にある大陸を、うっとりしながら夢想したとしても、言い過ぎではないでしょう。

彼のリゾート感覚が、……リゾート感覚が言い過ぎなら気の弛みがあったのかもしれませんが、2度の遠征を経て、大陸制覇は失敗に終わります。1598年、秀吉が没すると同時に、名護屋城は役割を終えます。たった7年の繁栄でした。こうやって書くと、著者が「日本のカルタゴ」と言うのも、大きくは間違っちゃいないですよね。

この、秀吉によるいかにも「乱暴な論理」としか著者には見えない朝鮮〝出兵〟が、どうやら朝鮮半島の人々への「反日感情」のオリジンになったことは、反日教育の冒頭に「朝鮮〝侵略〟」の項をもってきているケースが多いことからも、疑いようはなさそうです。そうなんです、彼らにとっては、レッキとした侵略なんですもんね。

おまけに、引揚げる際に優秀な陶工やカチガラスまでを連れて戻っているわけなので、いくら日本が、キムチの原材料となる唐辛子を彼らに教えたにしても、プラマイで考えると完全なマイナスなわけです。おもしろいはずがないのも頷けます。

だがしかし、ここを掘り下げだすと本書の意図とは根本的に異なる書物になってしまうので、朝鮮出兵の歴史的意義に関しては、より専門的立場の方々の見解にお任せすることにいたします。

さて、リゾート建設と、もしも名護屋城をとらえたとするならば、わざわざ大都市から僻地（失礼！）に移住し、瞬間的ではありますが人口30万余の大都市を作り上げた豊臣秀吉は、地域活性化の元祖と言えるかもしれませんね。もうちょっと長生きしてたらと、地域活性化を標榜する著者としては、先達の短過ぎる人生が残念でなりません。あ、その意味では、次節に登場する鍋島直正公にも同じことが言えるかもしれませんね。

役割を終えた名護屋城が、その後どうなったか。今、城址をおとずれた人は、あまり何もないのに拍子抜けするそうです。あとの管理をした寺沢弘高が、関ヶ原の戦いがおわった1602年に、唐津城の築城を始める際、名護屋城を解体して移築したのです。きっと、あまりに見事な城だったので、ついつい二次使用したくなったのかもしれません。現代の地域活性化で、移住者たちの注目を集める古民家移築に通じる発想と言えるでしょう。

その後、二度と城が利用できないよう、石垣の要となる四隅が切り崩されるなどの作業がおこなわれましたが、理由は諸説ふんぷんで定かじゃありません。大手門は、伊達正宗によって仙台城に移築されたと伝えられています。

いっさいの血なまぐさい争いのなかった名護屋城は、2007年に**日本の名城百選の87番に選定**されました。

最後に、この朝鮮出兵が、後の伊万里・有田・武雄エリアの焼き物の大発展と、佐賀の県鳥カチガラスをもたらしたことは、置き土産としては余りにも贅沢と言えるでしょう。なんたって「美の壺」好きな日本人にとって、ここは聖地として、いまなお繁栄しているのですから。

▼短いけれど黄金時代到来〜江戸から明治初期

「直正公が、もっと長生きしてくれてたら、佐賀は今みたいにネガティブ扱いされなかったかもしれない」

えっ、まるで「クレオパトラの鼻があと5㎝低かったら」的な、もしも話で始めてしまいました。しかし、江戸末期から明治初期にいたる**佐賀肥前藩**は、掛け値なしに、日本で最も輝いた、最もプログレッシブな、**日本の近代化を現実的に牽引した、世界に冠たる佐賀県**だったと、にわか歴史マニアの著者が書いたとして、異論を述べる人はいないに違いありません。参考とすべき資料や文献も、一気に増えます。当事者の生々しい人間模様や具体的記述に厚みが増し、調べれば調べるほど佐賀にハマります。

え？　信用なんないって？　じゃあ、これを読んで下さいな。

あの**司馬遼太郎の「アームストロング砲」という短編**です。次のように書き出されています。

《幕末、佐賀藩ほどモダンな藩はない。（中略）その工業能力も、アジアでもっともすぐれた「国」であったことはたしかである。

佐賀藩の「文明」にくらべれば諸藩など、およびもつかなかった。（中略）
それらの後進藩が、
「鉄砲は洋式銃でなければならない」
と気づきはじめたころには、この藩では雷管式洋式銃をぜんぶ他藩にたたき売って、世界でもっとも新鋭な、後装式の単発銃を買い入れていた》

どうですか、著者の独りよがりじゃ、決してないんですからね。と、虎の威を借りてみました。
ということで、この時期だけで単行本が100冊は書けてしまうくらい、佐賀にとっての黄金時代。まるでビートルズやストーンズらが先頭に立って、後続隊とともに一気に世界を制覇した60年代ブリティッシュ・インベイジョンを彷彿させてくれるくらい、キラ星のごとき偉人賢人を続々輩出したこの時期の佐賀に魅力を感じないとしたら、「思い切り鈍感でダサイ人だなあなたは」と、出川哲朗ふうに心の中で、蚊のなく声で著者はささやいてしまうことでしょう。

そんな傑物ネタてんこ盛りの時代に至るまでの江戸太平期の佐賀は、有明海干拓事業の拡大で石高も64万石に倍増（200年前）する一方で、遠路はるばるな参勤交代は言うに及ばず、福岡黒田藩と1年交代での長崎警備、数々の天災による出費もバカにならず、さらに奇数代の藩主がことごとく無能で、特に9代藩主の浪費によって経済は疲弊の極みにありました。

冒頭にも登場し、次章で詳しく述べる**10代藩主、鍋島直正公の佐賀大改造**によって、佐賀は「近代国家」として一躍日本で最も進んだ藩となりました。地場産業の陶磁器、茶、石炭などの奨励で地域活性をバックアップ、また持ち前の好奇心と自在な育成力と策略家ぶりをいかんなく発揮し、戊辰戦争での大活躍をきっかけに、薩長土肥体制が幕末から明治時代にかけての中心となります。

特に、佐賀の場合は、理念に燃える目先の戦局に一喜一憂するような薩長にくらべ、勉学という「戦争」を闘い抜き、長期的ビジョンを植え付けられ、**法律や科学という実務的スペシャリスト**が人材の中心をしめていたため、明治政府発足時に、いきなり主要ポジションを占めることになります。

この時代に特に傑出した人物が「佐賀の7賢人」として語られるのです。

しかし、その後の歴史教育の不備か、全員はおろか1～2名言えるのがやっとという佐賀人が多いのも、残念なことに事実です。

ともかく、幕末から明治維新にかけては、文字通り佐賀の黄金時代ですが、鍋島公の没後、輝きは一気に坂を転がり落ちていきました。

▼ネガティブラーからの脱出に向けて～佐賀県誕生から将来

1871年3月8日、58歳の若さで鍋島直正が没し、同年6月の廃藩置県がおこなわれます。このあたりから、佐賀の斜陽にスイッチが入ってしまいます。

現在の佐賀県は、当時の思惑と地元事情が複雑に絡み合い、12年もの間、切ったり貼ったりの統

いまの佐賀県ができるまで

1871年(明治4年)
6月 廃藩置県により
佐賀県をはじめ蓮池県、小城県、
鹿島県、唐津県、厳原県の6県が誕生。

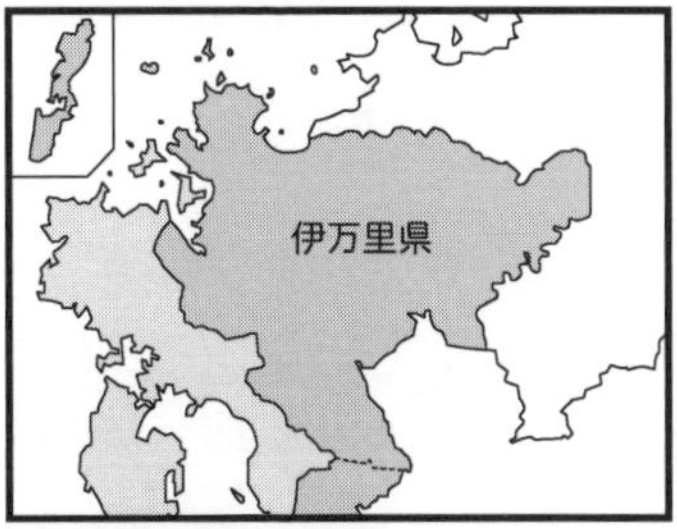
伊万里県

1871年(明治4年)
8月 厳原県を吸収して伊万里県となる。
10月 他の4県も吸収。

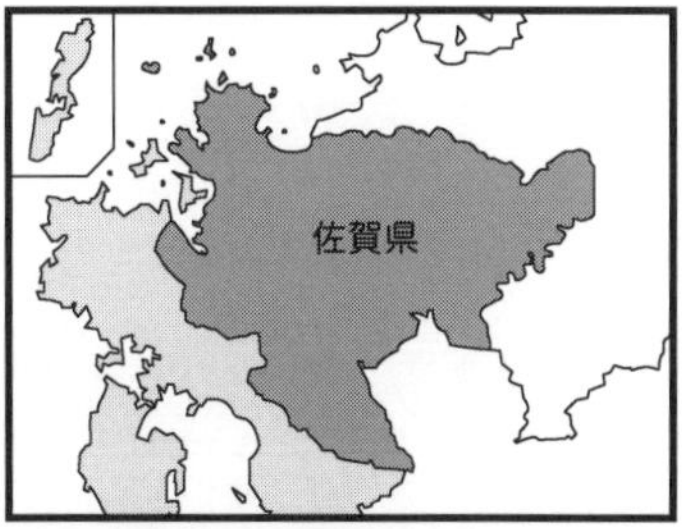
佐賀県

1872年(明治5年)
1月 諫早、神代、伊古、西郷、深堀が長崎県に編入される。
5月 伊万里県を佐賀県に改称。
8月 旧厳原県(対馬)が長崎県に編入。

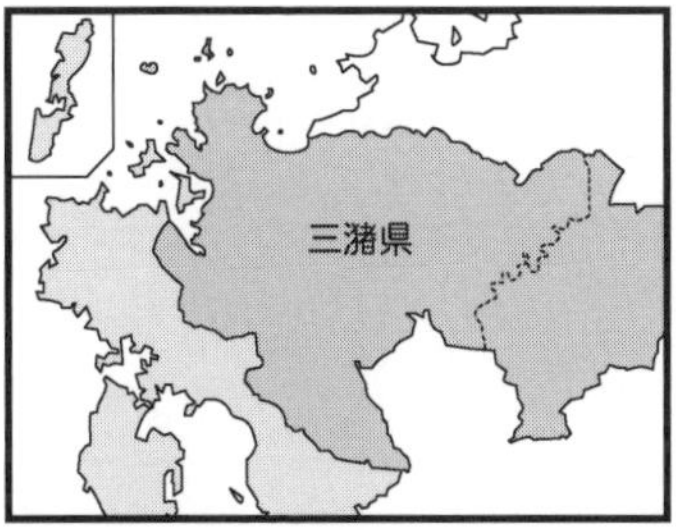
三潴県

1876年(明治9年)
4月 三潴県に合併。

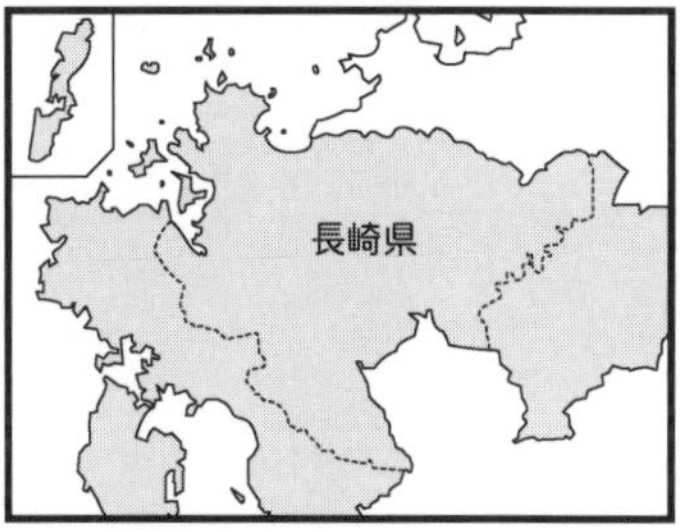
長崎県

1876年(明治9年)
8月 三潴県が廃止され、長崎県に合併。

1883年(明治16年)
5月 長崎県から分離独立。
佐賀県が復活。

祝
さが

佐賀県

もしかしたらこの本は
「長崎の逆襲」に
なってたかも…
それとも
「三潴の逆襲」か？
いやいや
「伊万里の逆襲」か？

廃合が繰り返されました。現在の佐賀県のカタチになったのは1883年。富山県と我が宮崎県とともに、栄光のブービーを飾るのでした。

肥前の国は、廃藩置県によって、まず旧6藩（佐賀・蒲池・小城・鹿島・唐津・厳原）がいったん6県になります。長崎県は、2年前にはもう生まれていました。

2カ月後、厳原県が佐賀県に吸収合併されますが、この時なんと、**佐賀県は消滅**してしまいます。伊万里県となってしまいました。その2カ月後に、他の4県が伊万里県に合併されますが、さらに2カ月後の1872年1月に、旧佐賀藩だった諫早をはじめ5地方が長崎に編入されます。そして4カ月後にやっと、伊万里県が佐賀県に改称され、県庁が伊万里から現在の佐賀平野に移ります。ひとまず、やれやれです。まるでジグソーパズルみたいな流れですよね。頭が痛くなりました。

さて、パズル好きの人ならお察しでしょう。旧肥前国の範囲は、長崎県と佐賀県に二分されたのです。藩が分割されるというのは、全国的にも2例しかありませんでした。もうひとつは、そう『埼玉の逆襲』にも書かれているように、旧武蔵国です。

その後もジグソーパズルは続きます。同年8月の旧厳原（対馬）の長崎県編入後、1874年の佐賀の乱をはさんで1876年、**佐賀県はまたもこの世から消えます**（三潴県に合併）。この仕打ちには、佐賀の乱への懲罰処分の意味があるとされています。

「お前ら、せっかく作った明治政府に謀反を働きおって」

というわけです。時の明治政府というのは、佐賀出身者が多かったのですから、違う見方をすればスケールの大きな兄弟喧嘩だったのでしょうかね。

根強い復県運動が実を結びパズルが完成、つまり**今の佐賀県が復活したのは、7年後の1883年**（5月9日）でした。今度こそ、ようやく、やれやれです。ということで、今年2013年は富山、我が宮崎と並び置県130年ですね、おめでとうございます。

復活後の佐賀は、実に地味に、しかし実に堅実に運営されます。歴史の檜舞台には上らないものの、裏方としては非常に優秀という感じです。

直正公が奨励した焼き物や、鉄道の延伸で紡績業などの製造業が発展しますが、なんといっても**佐賀を佐賀たらしめたのは、第1次産業である農業**です。江戸時代までに整備された治水事業や干拓によって農地が拡大したところに、電気灌漑の導入（1922年）をきっかけに、品種改良や肥料導入が急速に普及します。特に、米の栽培技術の進化は驚異的で、1933年から3年間、1反（10ａ）あたりの収量日本一を記録、その技術は「佐賀段階」と呼ばれ、その後の日本の稲作の規範になりました。ちなみに、1967年には10ａ収量542㎏を記録（全国平均403㎏）、こちらは「新佐賀段階」と呼ばれています。

佐賀は町の規模がどこも小さく、軍需工場などがなかったことも幸いし、空襲被害も多くはありませんでした。なので、佐賀平野だけでもいたるところに、築100年は優に越えているような立派な古民家が、ほれぼれするような佇まいを見せてくれるのです。

ただ、戦後の発展はいたってのんびりしたものだったらしく、その辺りに、今の佐賀の自虐の種がそれこそ「佐賀段階」的に蒔かれてしまったのではないかと、著者は思わざるを得ません。なにせ財政悪化から1956年には財政再建団体にまで転落してしまうのです。追い打ちをかけるように、政府の減反政策、エネルギー革命による炭坑の閉鎖が続き、佐賀は疲弊してしまいます。急激な過疎化が進んだのも、この頃からです。

今の佐賀は、農業面では、生産量日本一の二条大麦を中心とした二毛作の推進、「とよのか」「さがほのか」で知られるイチゴなどの果樹・野菜栽培、ブランド化に成功した「佐賀牛（伊万里牛）」など、米以外での懸命な巻き返しが、実を再び結びつつあります。温室栽培のハウスみかんの出荷は、全国でも1、2位を争うくらいです。

第2次産業に関しては、有田町だけで年間200~300億の出荷量を誇る窯業のほか、工場誘致のプッシュの成果が、ほとんどの電機製品に内蔵される半導体のモトである**シリコンウェハーの生産額が日本一**など、地味ですが健闘してると言えるでしょう。

ただ、第3次産業、特にサービス業がいかんせん伸びませんでした。これは倹約を旨とする県民気質が影響しているのか、買い物圏に福岡市という日本有数の大サービス＆ショッピング都市があるからなのか。おそらくその両方だと思いますが、なにより「これぞ佐賀」と言うべき決定打が、今なお出て来ていないのは大きいです。

「佐賀人は、アピールが下手っぴ」

どんな立場の人に聞いても、口を揃えて言うのは、そんなネガティブラーな発言です。下手をアピッても何も生み出されはしませんよ、ときに突っ込みたくなるくらいな頻度でした。**せっかく良いものたっくさんあるのに……**。そんな空気の中から、きっと「ＳＡＧＡ」は世に出されたんですね。

夜の蝶たちも、一応そういうエリアには立っています。立ってはいますが、みな携帯に目を落とし、通行人を一瞥すらしません。

あんたら、お客が目の前を通りよるとばい。何度著者が、心の中でささやいたことでしょう。江藤新平の心情が、同時に察せられたひとときでもありました。いやぁ、これじゃあ、

「佐賀でナンパなんて、したことない」

「されたことない」

との声が圧倒的だったのも、空気としてうなずけてしまいます。

今後の佐賀は、どこに向かうのだろう、そんな思いを胸に秘め（ホントです）、梅雨空が重たくたちこめる6月下旬、著者は実際に、佐賀の繁華街を歩いてみました。

県庁所在地なのに人口は、合併後も福岡3番目の斜陽中な久留米市より少なく、人で一番にぎわうはずの土曜日の夜と日曜日ですら、繁華街に人はまばらでした。佐賀駅の改札口は、出口よりも入口のほうが混雑しています。ミニスカートの（お！）女子校生のグループが、うきうき顔で博多

行のボタンを押していました。

郊外の大型ショッピングモールや鳥栖アウトレットなんかは、さすがに人でごったがえしてましたが、駐車場の車のナンバーを見ると、佐賀より久留米ナンバーのほうが多かったりするという状況でした。

しかしながら、今や全国規模の人気イベントになった**バルーンフェスタ**、**「佐賀のがばいばあちゃん」ブーム**、**「SAGA」の大ヒット**、**佐賀北高校の甲子園優勝**、さらに**ミス・インターナショナル輩出**と、いささか凸凹感はありますが、佐賀がふたたび盛り返す下地は、徐々に整いつつあるように、ゴミひとつ落ちていない道路を歩きながら、感じられたのも事実です。おそらく、自虐を屈辱でなく、エンターテインメントとしてライトに楽しめる世代が、活性化の主役として、各地で育ちつつあるのでしょうね。

そんなタイミングだからこそ、佐賀はうってでるべし、と著者は痛切に思っています。

だって、歴史をさらさらと書き連ねた（実際には「さらさら」どころか「粘っこい」塊だったのですが）、本章だけでも充分に佐賀は「スゴい！」と唸らされてしまうわけですよ。「佐賀の歴史」は、それだけで充分な大河ドラマと言い切ってもおかしくないのです。

本章から続いて連記する、怒濤の佐賀の特産、偉人に（マニアックではあるが）数々の観光資源なんかを通読してもらっても、魅力の宝庫なのは明らかです。鍋島直正公が目指した**「先進技術大国・佐賀」**など、もっと胸を張ってもおかしくないのです。今の日本なんかより、よっぽどインターナショナルだったんですからね。あ～もったいない。

まぁ、きっと、おそらく、歴史を系統立てて「面白く」語るツールが、今までなかっただけなんでしょう。今、その気付きが、新しい世代の佐賀人によって、じょじょに発掘されていることは、道半ばではあるものの、頼もしい限りです。

本章を締め括る前にもうひとつ、佐賀を語る際に忘れてはならないのは「**葉隠れ**」です。三島由紀夫などがこよなく愛し、「死ぬことと見つけたり」等の記述によって一種「サムライのバイブル」的な扱いであるわけですが、よく調べると、実は「上司への上手な酒の断り方」「部下のヘマを上手にフォローする方法」などという、**非常に実務的な内容の処世術**が書かれているようです。つまり、あまりにセンセーショナルな箇所だけが強調された不幸があります。本来は、ビジネスおよび人付き合いマニュアル的色彩が強いわけで、そのあたりをピックアップして再構築すれば、きっとベストセラーになるんじゃなかろうか、とまで思ってしまうのですが、いかがでしょうかね。

歴史をたどりつつ、ここでいったん「葉隠れ」の言葉を借りて総括させていただくとするならば、佐賀人は「常に自分の生死にかかわらず、正しい決断をせよ」という精神文化に今なおDNAレベルで貫かれているように、著者には感じられます。後に書きますが、**江藤新平の生き様（死に様）が、今なお佐賀人に愛されている理由**も、ひとえにここにあるのでは、と感じたりする瞬間が感覚的には確実にありましたから。

「自慢下手」から「PR上手」へと、佐賀は、ゆるやかながら変化をしている途上です。

今回入手した観光パンフレットでひときわ目立ったフレーズが「**思い立ったら佐賀**」でした。「佐賀を探そう」からの進化、なんとなくわかっていただけたら、著者としても嬉しい限りですが……。

第3章　佐賀の7賢人

7、8、9、12。何の数字か、わかりますか？　最初の「7」はともかく、残りの4つ。

8とは「佐賀の8賢人」。これはここで取り上げる7人に、副島種臣の兄であり、文中に頻繁に登場する藩校弘道館の先生だった**枝吉神陽**を加えたもの。

9は、尊王攘夷を旗印に、弘道館内で立ち上がった義祭同盟のオリジナルメンバー構成員。先の8名に**相良知安**という人物が加わります、この人は日本近代医学の基礎を築いた人であり、東大医学部の初代学長という、ものすごい偉人ですが、それでも9番目というポジションに甘んじています。

12は、(社)佐賀観光協会作成の観光パンフレットにあります。これは先の9人に、伝説の人、不老不死の薬を求めて佐賀に渡ったとされる**徐福**、「葉隠れ」にも頻繁に登場する戦術家にして農業土木、特に水利のエキスパート**成富兵庫茂安**、江戸享保期に京都にあって「彼に茶に招待されな

7賢人

い者は通人にあらず」とまで言われた**高遊外売茶翁**。この3人を加えたものです。

一部の人物を除き、佐賀の賢人と言えば、数字にかかわらず幕末から明治維新にかけて活躍した人物のことを指します。

しかし、こんなに傑物を輩出したにもかかわらず、その後の歴史教育、郷土教育に不備があったとしか思えないくらい、今の佐賀の人は、この偉人たちのことを誇りに思いません、誇りに思うどころか、知りもしないのです。試しに訊ねてみたのですが、12人はともかくとして、7賢人を正確に言い当てた人は、ほぼ全滅でした。

もうひとつ、このメンツは主に佐賀平野界隈のものであり、唐津あたりになると、**辰野金吾**とか**天野為之**などの傑物が選ばれていないこともあってか、まったくといっていいほど関心の乏しかったのも、薄々わかってたとはいえ、実際に面と向かって言われると、ある意味衝撃でした。

「唐津人は、唐津くんち14の山車なら全部言えるけど、7賢人のことは知ろうともしないよ。関係ないから」

とまぁ、狭いのに地域格差の大きい佐賀ではありますが、やはり章をひとつ設けて、紹介するだけのテーマであることは疑いようもありません。数々の「はしょり」は、どうか大目に見てもらいつつ、あくまで佐賀の地域活性化のために「はしょった」と解釈していただき、7賢人のことすら初耳な新規開拓読者用として、つまりは、そんな著者が可能な限りで拾い集め再構成をこころみた紹介ということで、ここはひとつよろしくです。

▼鍋島直正（1814〜1871）

佐賀県の名前の由来と言われる佐嘉神社を訪れて、ぎょっとしたことが2つありました。ひとつは、鳥居の隣に鎮座する大砲。参拝者のほうを向いてます。

鎮座の訳は、脇にある説明看板で「な〜るほど復元かぁ。威かしやがってこのヤロぉ〜」となるのですが、今度はその説明看板に、もっとギョッとさせられます。こっちのほうが心臓に悪い！

この、安式砲つまりアームストロング砲、佐賀藩が幕末に大きな存在感を示した大砲の開発貢献者がずらずら列記された名前の最後、秀島藤之助の人物紹介にあったのは、この記述でした。

佐嘉神社の大砲

「……途中で発狂」

ひと呼吸おきます。

発狂の件に触れる前に、本題である鍋島直正公の話を進めましょう。なんたって本題はこっちなのですから。いや、しかし、強烈な2文字ですね。

江戸時代、全国の藩を統治する藩主、今で言う県知事は、江戸の都から赴任するカタチで各地に赴いていました。鍋島直正も、もちろんそのシキタリにのっとって、17歳で第10代佐賀藩主となり、赴任地に向けて出発します。

と、ここで思わぬ事件が起りました。品川宿に着いた途端、江戸の商人たちが直正を取り囲んで、こう迫ったのです。

「お前の親父（第9代藩主の斉直）にゃあ、だいぶ金を貸してるんだが、まだ返してもらってないままだ。お前が後継みたいだから、お前から戻してもらおうか」

鍋島家は「一代替《がわ》し」と言われておりました。つまり、ぼんくら藩主と名君藩主が交互にあらわれるという意味で、奇数がぼんくら、偶数が名君なのです。ぼんくらな9代藩主は、どうやら金に無頓着な、上に立っては絶対にいけない性格だったようなのです。

また、当時の佐賀は、ただでさえ長崎警備に経費がかかり続けるうえ、シーボルト台風での壊滅的被害で、藩の財政そのものが破綻状況にありました。斉直は、まぁ、そういう現実から目を背け、余計に身の周りにバリアを張り巡らすために浪費しまくったのでしょう。子どもにツケがまわろうが知ったことか、とは思ったかどうかは知りませんが。

ともかく、参勤交代をそんな理由で妨害された大名など、前代未聞です。17歳……、著者が想像する以上に屈辱だったことは想像に難くありません。

「クソ親父のツケを、しかしなんとかせねば！」

赴任早々、直正が取り組んだのが、徹底した倹約です。無駄遣いと放蕩に慣れまくった親と取巻き連中の家臣をなんとかいさめつつ倹約令を発令した直後の1836年、佐賀城二の丸が全焼します。これを、危機ではなく、契機ととらえた直正は、**一気に佐賀藩の改革**に乗り出します。

その内容を読むと、まぁすごい！

まず、すごいのが**役人のリストラ**。5分の4（！）の首をカットします。次に、品川で直面した借金の返済。ここがまたすごい。どういう手だてを使ったのか、総額のうち8割を放棄させ、残りの2割も50年分割返済を認めさせました。もう、ほとんど踏み倒しですよね。放棄を認めさせたときには、きっと「これで品川の借りは返したぜ」と、心の中で叫んだんじゃないでしょうか。著者なら叫びます。

もし、今、直正が生きていたら、この踏み倒しの実績だけで講演に引っ張りだこになったこと請け合いです。著者だって話を聞きたいくらいだ。

そうやって、危機を乗り切った直正が次に取組んだのが、**地場産業の育成**。今で言う地域活性化ですね。秀吉が大陸から連れ帰った職人たちを奨励し、磁器・茶・石炭は、ほどなく佐賀藩の強力な打ち出の小槌となりました。財政改革、ひとまず完了です。お見事！

強引もワンマンもトップダウンも、ここまでやれたのかと、ただただ感嘆するのみですが、それだけ必死で切迫していたことだけは、ひしひし伝わってきます。なりふりかまっちゃ、いられなかったんですね。

財政を復興する途上で、ひょっとすると直正は気がついたのかもしれませんね。

「佐賀の連中、想像以上に真面目で口が堅く好奇心が強い。磨けば光る。スイッチが入れば大化けする。これは尻の叩き甲斐があるぞ」

で、**教育改革**に乗り出します。もともとあった藩校の**弘道館**にテコ入れするのです。この手法が、またもって凄いのです。「文武課業法」という法令を出すのですが、この要旨は、

「学校の落第生は親の収入の8割を召し上げられ、役職にも就かせない」

でした。今なら、クレーマーな親どもがデモしてでも阻止するような法令ですが、大きな事件がおこらなかったところを見ると、有無を言わさぬ迫力とカリスマ性が、この時点で直正公に備わっていたことは、間違いないでしょう。

「勉学は戦と思え」

これが弘道館の新しい基本方針でした。特に、西洋の最新式科学や軍事関連の研究は、それはもう猛烈だったのです。**佐賀人の勉強好き**を、上手に操った効果は目に見えるくらいに現われます。直正公はいわば、7賢人の総合プロデューサーにしてオーガナイザーと言えるでしょう。この後を読んでいただければわかりますが、直正弘道館を経由していない賢人は、ひとりもおりません。そして、賢人は、7人にとどまりません。おそらく佐賀を叩けば、いや掘り下げれば、ますます発掘されるはずですが、先に進みます。

佐賀藩はもともと、他所には例をみない**二重鎖国**を敷いておりました。

「佐賀公の御家法にて、この国に生まれるは他国に出づることも自由ならず」

まったくもう、どこまで、な法ですが、これが幕末に近づくにしたがって機密漏洩防止に大いに役立つのです。なんたって、産業革命以降の世界の大きな変化をいち早く導入し、外国人に頼らず、自分らの家臣だけでそれを開発し、密貿易も大義のためにはなんのその、もしもその時分に佐賀にいたなら、文字通りめまぐるしい進歩を目の当たりにしていたでしょう。

こうして、多くの優秀な人材が夜も眠らず開発に明け暮れ、大砲に反射炉、蒸気船にと快進撃を続けた佐賀藩は、とうとう英国、プロシア、フランスに次いで**世界で4番目にアームストロング砲を、外国人専門家なしで自前で開発**し、ついには三重津に、東洋一の規模にして工業佐賀最大の傑作と英国の歴史家に言わしめた、**三重津海軍所を開設**するほどになるのです。この時点で、佐賀が独立し国になったとしても、ちっとも不思議じゃなかったのです。

そういう状況なので、犠牲者が出てもおかしくはなく、その犠牲者の最大が「発狂者」秀島藤之助でした。本来は、画才に恵まれた芸術肌の男は、心酔していた直正公が、自身の詩才を封印してまで政務にあたるのを知っていました。きっと「大砲は新しい芸術」というふうに思い込もうとし、途中まではうまくいってたのでしょう。勝海舟といっしょに渡米したときには、皆が怖じ気づいてできなかった祝砲を操作し、評価はさらに上がり、さらにこき使われました。

アームストロング砲開発途中に、英国船に乗り込んだとき、ちょうど雷が鳴ります。秀島は雷恐怖症でした。その落雷で、極度の緊張の毎日で壊れかかった精神が一気に崩壊してしまったのです。秀島に斬りつけられたのが「からくり儀右衛門」こと、田中儀右衛門でした。

その報せを聞いた直正公は、一言、こうつぶやいたそうです。

「ついに発狂したか」

それでも開発の手を休めず、完成した大砲は、戊辰戦争で大役を果たし華々しいデビューとなります。なにしろ、佐賀藩の目標は「ヨーロッパ諸国と肩を並べる軍事大国」（司馬遼太郎『体制の中の反骨精神』）だったのですから。

直正公の偉業というか、今なら児童虐待で訴えられてもおかしくないチャレンジのもうひとつは、**医学**の面です。当時、不治の病とされていた天然痘です。猛威をふるう天然痘に対して、中央は無策でした。直正は、自身のコネクションを通してオランダから牛痘ワクチンを入手、なんと、自身の長男である直大に試験注射しちゃうんです。直大も、その後、いくら家督を譲られるとはいえ、死ぬかもしれない試験をよくぞ受けたものです。試験は見事成功、ワクチンは緒方洪庵にも分け与えられ、天然痘はその後、徐々に根絶に向かうのです。

48歳のとき、隠居を決意します。実は、ずーっと「7賢人」の関係上、直正と書いて来ましたが、この時点ではまだ斉正でした。直正に改名したのは7年後、明治元年のことでした。

明治になり、改名してからは、蝦夷開拓総督となり、島義勇をはじめ多くの佐賀人を北海道に移住させたりしますが、本人はもともと病弱だったらしく、4年後に病没してしまいます。

幕末から明治にかけて、佐賀人が輝いたのは、ひとえに直正の功績といって言い過ぎではありません。なにより際立ったのは、薩長土肥の特に薩長が、政治家輩出に血眼になったのにくらべて、もっぱら技術者養成に力を注いだことでした。明治政府設立において、実務的役所に、ことごとく佐賀出身者が就いたのもそのためです。反面、政治力に劣ったため、直正没後の佐賀は、その勢力を中央官界で弱めてしまうことになりました。

鍋島直正の座右の銘は「先憂後楽」でした。

「国を治めるものは、常に民の先に立って国のことを憂い、民が楽しんでから自身も楽しむ」

なんか、著者は、今の国情を見てると、直正の爪の垢を煎じて飲ませるか、せめて、この文言を目の前に突きつけてやりたくなってしまいます。

著者は、政治家の資質は「清濁合わせのみ涼しい表情」ができることと信じますが、それにことごとく合致する、稀代の名君、名政治家だと、鍋島直正公に敬意を表したいです。

まだ本格的に資料読みを始める前のこと。佐賀城本丸資料館を、タダということで軽い気持ちでのぞいてみたときに案内をしてくれた80代の女性の方が、まるで大好きなおじいちゃんのことを話すように、しきりに、

「鍋島さん、鍋島さん」

と、贔屓声で話してくれるのを聞きながら、ほほぉ〜とその時は感じたものですが、今となっては、彼女の気持ちがよ〜くわかってしまいました。

秀島藤之助さんの功績も、心から労ってあげたいとも、今は思います。

紙面の都合上、駆け足にすぎる感は否めませんが、鍋島直正が、佐賀の偉大なプロデューサー、オリジネーターであることが、少しでもわかってもらえると、続く6人のすごさもまた、輝きが増すのではないでしょうか。

▼大隈重信（1838〜1922）

7賢人中、もっとも有名なのは（人気は別にして）、やはりこのお方でしょう。あるときは**早稲田大学創立者にして初代総長**、またあるときは**内閣総理大臣**、しかして若い時は大犯罪人（脱藩）の多羅尾、あ、いや大隈重信です。あ、脱藩の件は、もうとうに時効ですがね。偉業をなしとげるためには、ときに法をも侵さねばならないということを、身をもって体現した偉人であることは、疑いようもありませんね。

そんな大隈重信ですから、生涯や業績をかいつまんでとは、なかなかおいそれとはいきません。加えて、こういうメディアの仕事をする中で、早稲田卒業でない者が、早稲田について書く時には、ものすごく神経を尖らせないと、非常にヤバいことになりかねないという空気が、漂い続けています。これはひとえに、メディアにおける早稲田出身者が圧倒的に多いことと早稲田卒者の、早稲田に対する強い愛着感の賜物だと、九州大学卒業者の著者などは、ありとあらゆる局面で感じ続けてきています。ほんの軽い冗談でも、

「オレは早稲田の人間だ。今なんて言った、てめぇ！」

的なレスをモロに受けたりした体験も、ゴールデン街にて1度あります。

なので、生涯や業績に関しては、ちゃんとした書物や文献で確認してもらうことにして、ここで

大隈重信旧宅

は、軽い軽いエピソードをいくつか、したためるにとどめさせてください。

まずは、反骨心旺盛な性格です。

佐賀藩校の弘道館の教育指針の中心は「武士道とは死ぬことと見つけたり」で余りにも有名な「葉隠れ」を中心の儒学でした。しかし、大隈は、「あんなものはくだらん」と反発。藩校生と殴り合いの喧嘩の末に一時退学となってしまいます。退学中は当時の最新学問だった蘭学を学びます。進取性に富む、という早稲田の建学精神は、こういうところにも活きてますね（でも、喧嘩をふっかけるのはやめてね）。

交友関係の最たるものは、やっぱりなんといっても大分は中津出身の福澤諭吉でしょう。当初、ふたりは仲が悪かったそうです。理由は、学者肌の福澤が「政治家なんて大嫌い」だったこと。直接にあうまでは、雑誌上で「（大隈は）生意気な政治家」

「(福澤は) お高くとまった学者」というふうに、誰がどうみても犬猿の仲にしか見えなかったのです。

しかし、粋な編集者もいたもので、ふたりにナイショで酒宴の席を設けて、そこで鉢合わせさせちゃいました。

すると、酒が進むとそこは**九州人同士、すっかり意気投合**したらしく、大隈が、

「未来ある若者に囲まれてて、福澤さんは羨ましいですなぁ」

とやると、福澤も、

「いやぁ、先生もどうですか？　学校やったら」

大隈は、その言葉に触発されて、早稲田大学を創立したのです。また、ということで、今なお早稲田と慶応はライバル関係にありますが、著者の目からは「トムとジェリー」みたいに「仲良く喧嘩してる」ふうに、ほほえましく映っています。むしろ、ふたり（2大学）の喧嘩相手は、大隈が追い出された政府官僚を生み出し続ける、東京大学をはじめとする旧帝国大学だったりするのです。

調べていて意外だったことが2つありました。

ひとつは、彼が義足だったこと。外務大臣だった1989年、当時の過激運動家に爆弾を投げつけられて、右足を切断してしまったのです。義足は今も、大隈記念館に残されていますが、じつは吹き飛ばされた生足も、ホルマリンに漬けられて、しばらくの間は日本赤十字看護大学に保管され

ていました（今は、佐賀の大隈家の菩提寺に安置）。もうひとつは、大隈は「書かなかったこと」です。実にいろんな書物が出されていますが、すべては口述筆記ということです。というのも、弘道館時代、自分よりも字のうまい学友がいて、「オレは、字では負ける。しかし、頭では勝つ！」とばかりに、以後いっさいのことを暗記して、文字にする時はだれかに書かせたとのことです。なんっちゅう負けず嫌いでしょう。そういえば、なにかの言い争いになった時、「悔しいけど、今回だけは負けを認めてやる」と言った、早稲田出身の人がいましたね。あ、大隈さんと関係ありませんね。

エピソードで有名なのだと、政治活動で支援を受けにいろんな団体をまわったときに、なんと同じ日に、禁酒団体と酒造業組合をハシゴしたのとか、お金をあらわす指を丸めるサインを考えたとか、メロンが大好きで日本で初めてメロンを栽培したとか、佐賀銘菓のひとつ、丸ボーロが大好きで、東京の大隈邸の庭に窯を築いたとか、今の西洋暦であるグレゴリオ暦を採用したとか、ほかにもいろいろあります。とにかくエピソードには事欠かないチャーミングな人物なのはほんとうです。

その人気ぶりは、彼の死後、日本初の国民葬がおこなわれたことからも明らかです。１９２２年1月14日、国民葬のあった日比谷公園には30万人の市民が集まって別れを惜しみました。ちなみに3週間後におこなわれた山県有朋の「国葬」は、政府関係者以外の出席はまばら、新聞の記述によると「民抜きの国葬で、帳舎の中はガランドウ」とのことでした。

大隈重信の菩提寺は佐賀の龍泰寺ですが、墓は護国寺にあります。

▼副島種臣(1828~1905)

父が弘道館の教授、兄の枝吉神陽も国学者という、ガチガチの文系一家に生まれた副島種臣《そえじまたねおみ》。あれ？　名字が、と一瞬思いましたが、彼もまた養子にはいったクチです（32歳）。

義祭同盟に参加し、大政奉還を幕府に進言するため、大隈重信とやらかしたのが脱藩でした。脱藩は、つかまると当時は死罪をもって償わされるのですが、そこは鍋島直正公の温情もあって、謹慎処分で済みました。1867年のことです。

明治政府では外務卿に就任。マリア・ルス号事件の解決に奔走しました。日本初の国際裁判で、当時は治外法権だった船（ペルー籍マリア・ルス号）の中で奴隷扱いだった清国人231人を解放し、法的勝利を勝ち取った事件です。このことで、遠く欧米でも「正義の人」と脚光を浴びました。

1873年にはアヘン戦争でぼろぼろになる前の清に赴き「日清修好条約」を批准します。ところが征韓論争に破れて下野、板垣退助や江藤新平らと「愛国公党」を設立しますが、自由民権運動には参加せず、西南戦争時には日本を脱出、中国大陸中南部を旅行しておりました。

もともとが国学者のDNA、政治よりむしろ漢詩や書道にその才を発揮した人です。先の修好条約のときも、清の高官と漢詩を交換したり、「蒼海」の雅号で多くの書をものしました。「佐賀新

佐賀新聞題字

聞」の題字は、今でも副島作のままです。

伯爵にまでなった偉大な人ですが、無類の不精だったらしく、子どもが風呂からすぐにあがるのを「次郎さん（副島の通称）の風呂入り」と言って、たしなめたという話も残っています。

▼島義勇（1822〜1874）

佐賀の人が「誰その人？」と聞くくらいです。宮崎人のぼくや九州人が知るはずもありません。しかし、島義勇を知らない北海道人は、モグリといっても差し支えないくらい、**北海道においては神様扱いの人です**、島義勇。

判官さまの愛称でも親しまれており、札幌市役所と北海道神宮には銅像が、円山公園には顕彰碑があるほどです。命日の4月23日には神宮で慰霊祭が催され続けております。

慰霊祭の日でなくとも、神宮を参拝した人ならば、誰もが一度は「判官さま」というお菓子を、あのマルセイバターサンドでお馴染み六花亭の休憩所で、ふるまわれたはずです。

弘道館に学び、家督を継いだ後は諸国を遊学。帰藩の後、鍋島直正公の命により、未開の地であった**蝦夷と樺太の探検踏査隊**に随行、約2年にわたる調査結果は「入北記」に残されています。

直正公は、外国ばかりじゃなく、蝦夷にも興味が強かったことから、島の行動力を高く評価していたようです。明治政府がスタートすると、蝦夷開拓督務となった直正はすかさず島を**蝦夷開拓御用掛**に任命しました。

「島、お前、手つかずな新しいモノが好きだろう？　わしも好きだぞ」

「いやぁ大将、まったくもって自分でゼロから作り上げるって、たまんないですよねぇ」

そんな会話が、夜な夜な交わされたかもしれませんね。

銭函（小樽市）に仮設した開拓役所をベースに、将来の中心地を札幌と定め「世界一の京を作るぞ！」との意気込みで、都市計画に着手します。そのときの設計図が札幌市図書館に残っていますが、京都の町並を参考にした形跡がありありな、しかしながらスケールの大きな町を目指していたことだけは、ひしひし伝わってきます。その基本方針が、今の碁盤の目のような道路と、一条二条という名前です。

計算外だったのは、冬場の進捗状況。1年分の予算をたった3カ月で使い切ってしまったばかりか、直正公の後任長官とも衝突。結局解任されてしまいました。

その後、1872年、初代秋田県権令（知事）に就任するのですが、八郎潟干拓施策を打ち出したものの翌年には4カ月で解任。1874年の**佐賀の役**でともに戦った江藤新平とともに鹿児島で捕えられ、**斬罪梟首**となりました。

15年間というもの、賊扱いでしたが、1889年に大赦となり**名誉は回復**されたのです。

▼佐野常民（1828〜1902）

日本赤十字を創立したことから、博愛主義の代表者と言われている佐野常民は、7賢人唯一の理科系人間でもあります。養子先（旧姓は下村）が藩医だったこともあり、外科術を学び、製錬方頭人（今で言う製錬所のチーフ）に抜擢され、国産第1号の蒸気機関車（模型）を完成させました。鍋島直正公に海軍の必要性を説いたことから、37歳の若さで三重津海軍所の初代監督になりました。そこでも、幕府から注文されたボイラーを皮切りに、とうとう**国産初の蒸気船凌風丸**（151頁参照）を完成させます。

1867年にはパリ万博に、佐賀藩代表で参加。世界の最先端を理科系的頭脳で感知し、軍事、産業、造船術などを視察しますが、一方で国際赤十字と巡り会います。理科系人間に博愛……、なにやらバランス的にどうよ?と、一般人の文系頭では考えてしまいますが、本来「泣きの常民」の異名をとるくらいに涙もろかったらしい一面を知ると、なるほどと頷かされますね。

以後も、海軍創設に尽力したり、洋式灯台建設を手がけますが、関心と活動は次第に博愛に移行して行きます。「**博覧会男**」としての活動は、1872年に湯島聖堂で開催された日本初の博覧会を開催、5年後には第1回内国勧業博を開きます。また、東京遷都で衰退した京都の町に路面電車を走らせたりするなど、理系の炎も消してはいませんでした。

1877年の西南戦争を契機に、敵味方なく負傷者を助ける赤十字社の基本理念を今こそ！と、「博愛社」設立を行動に移します。いったん政府に却下されますが、めげずに有栖川宮熾人親王に直訴、見事受け入れられます。この時の涙は、5つある涙のエピソードの中でも、最も感動的です。

その後も、日本美術の海外流出を防ぐため、後の日本美術学会である龍池会を発足、死ぬまで会長を務めたりと、政府の役職は当然いくつか歴任しましたが、もっぱら博愛的精神を貫きました。最後の大仕事は、1888年の磐梯山大噴火の際の救助活動です。

そんな、これっぽっちもやましい部分のないパーフェクトな人柄ですが、そんな人にだって歴史あり。墓場まで持って行った謎がありました。

28歳で入門した伊東玄朴（神埼郡出身）の蘭学塾「象先堂」に、非常に貴重なオランダ語の辞書「ヅーフ・ハルマ」というのがありました。これを佐野はなんと盗み出し、30両で質入れしてしまったのです。今だと360万〜390万という大金です。

そのことで塾を破門された佐野は、佐賀に戻ることになります。しかし、

「なぜ、またそんな盗みなどを？」

「盗んで手にした金はどこに？」

佐野は、絶対に口を割らないまま、1902年にこの世を去ります。

▼大木喬任（1832〜1899）

大木は佐賀の7賢人では、一番のイケメン。しかし、一番地味な存在かもしれません。いやいや、第2代東京府知事を地味と言ってしまってはマズいですよね。そうなんです、**江戸を東京と改名させ、遷都を実現**させたのは、誰あろう大木喬任なのです。

少年時代は大木家の一人っ子にして11歳から母子家庭っ子。15歳で弘道館に入り、19歳で「義祭同盟」結成に参加、大隈重信、江藤新平らとともに、尊王攘夷を強力に推進します。

初代文部卿に就任してからは、学制・学校令・教育勅語などの整備に尽力。全国に5万以上の小学校を設置します。大木なしでは、誰でも学校に通える今の日本の姿は、決してなかったと言えるでしょうね。

最初にイケメンと書きましたが、どうやらそのことは本人も自覚していたフシがあります。木綿以外の服が規則で禁じられている中、ひとり絹服を来たり、自分専用の座布団があったり、お洒落に気を配っていたようです。渾名が「呉服屋の番頭」でした。

本来は、弘道館屈指の読書好き、静かなる男だったのですが、そこで終わらないのが佐賀人、というべきでしょうか。武勇伝をひとつ。

大隈重信がある日、大木が医師坊主と血だらけの喧嘩をしているのを目撃し「それはすさまじかった」と述懐するくらい、怒らせると怖い存在だったようです。酒も15歳ですでにひとかどで、まさに「ギザギザハートの子守唄」を地でいってた人でもありました。

▼江藤新平（1834〜1874）

「佐賀の7賢人」**ぶっちぎりの一番人気**は、この人でした、江藤新平。酒の入った年輩のかたからは親しみを込めて「江藤さん」と呼ばれもしたくらいな、ミスター佐賀人と呼んでも差し支えないような気質と生涯が、きっと佐賀の人の琴線をビンビン揺らすからでしょう。

弘道館では抜群の頭脳の持主ながら、学費が払えず進学もままならないくらいでした。尊王攘夷運動に参加、23歳で開国論をとき、29歳で大隈重信とともに脱藩して謹慎処分。大政奉還で幕府が消滅して謹慎も消滅。快進撃がはじまります。

明治政府の要職をわたった後、1871年に今の法務大臣にあたる**法務卿**に就任。**裁判制度や警察機構の組織化整備に邁進**します。指名手配写真を導入したのは、誰あろう江藤新平なのです。ただし、自分自身は写真嫌いで、残っている写真はたった1枚、脱藩して京都に滞在していたときのものだけです。見ると……う〜む、表情が険しいですな。どうやら、桂小五郎や伊藤博文にそそのかされるままに撮ったからのようですが、著者は、きっと彼は、自分が（大木喬任みたいな）女ウケするイケメンじゃないことを知っていたからじゃないか、と推察してしまうのです。

というのも、佐賀には大晦日、女性が藩士を担ぎ上げて1年の鬱憤を晴らすという風習があったとのことですが、その女性らが、江藤新平だけは見るなりドン引きしてしまったそうなんです。相手にされなかった江藤は、腹立ちまぎれに「孟子」をがなりながら立ち去ったのです。そりゃ、ぼくだってトラウマになりますわ。激しく同情いたします、新平さん。

さて、司法卿として司法整備をおこなった江藤新平。たとえ政治家相手でも容赦をしませんでした。1871年、時の大蔵省の井上馨が不正操作で尾去沢鉱山を差し押さえ私物化しようと腹黒く動きます。持主の訴えを聞いた江藤は井上を容赦なく追及、逮捕とまではさすがにいきませんでしたが、大臣辞職に追い込みます。やはり汚職（山城屋事件）に手を染めたとされる同じ長州出身の山県有朋にも、同様に接しました。

正義を旨とする司法者としては、いたって当然のことをしたまでなのですが、このことが実は、明治政府の薩長閥の恨みを買うことになったのです。

「あの佐賀野郎、手加減してくれりゃあいいものを、そっちがそっちなら、こっちにも考えがあるからな」

まぁ、いつの世も、恨みとは醜いものですね。で、男の恨みは、女と違って地位や名誉だけじゃなく、ときに命さえ奪うことを、単独じゃなく集団でおこなったりする恐ろしさがあります。今でも、だいたいにおいて、いじめとは集団行為ですもんね。あ、もちろん、今の鹿児島や山口の人のことを咎めてるんじゃないので、どうかそこは歴史の事実として読み流してください。前にも書いた持論ですが、著者の政治家の定義とは古今東西「清濁あわせ飲み、腹黒いことをしつつも爽やかな笑顔と上から目線が平気でできる人」なのですから。

江藤新平のしくじりは、あまりにもことを性急に、ほぼ独断でおこなったことにありました。なので、ほうぼうから「あの佐賀野郎～」と言われるようになり、彼を貶める算段が、密かに企まれたとしても、ちっとも不思議じゃありません。１８７３年に参議となるも「征韓論」に破れて、１年ももたずに辞任に追い込まれ、翌年には島義勇とともに「**佐賀の乱**」（これ、佐賀の人からは「**佐賀の役**」と指摘されます）をおこすも、さからった相手が当時の政府、しかも「飛んで火にいる」状況だったものだから勝ち目はありません。

江藤新平

敗走し、逃げ回るも最後は高知で捕えられますが、逮捕の決め手が、自分の導入した指名手配写真だったことが、歴史の綾といいますか、なんとも皮肉で悲劇的じゃありませんか。この制度による逮捕者第1号でもありました。

そして、整備したはずの裁判もそこそこに、禁止されていた斬首刑を言い渡されたのです。その首は、同じ方法で処刑された島義勇とともにさらし者にされました。しかも、よりによって司法省当時の部下によって。

弁明発言の権限すら与えられず、処刑が決まった瞬間に、

「裁判長、私は！」

と、叫びかけて制されたというエピソードが残されています。

国家にとっては反逆者かもしれませんが、そんな江藤新平は佐賀ではヒーローでした。亡くなった4月13日には慰霊祭が万部島でおこなわれ、翌14日には神野公園に建つ銅像の前で銅像祭が催されるのです。しかも、この神野公園、あの鍋島直正公の所有地でもありました。ある意味で、江藤の処刑後、その後の佐賀人の中央登壇がことごとく阻まれたことを考えると、佐賀人の尊厳と名誉を、国が粉々に打ち砕いたことが、佐賀をこんな地位に甘んじさせる、大きな理由のひとつに考えられるのではないかと、思わずにはいられません。

……はい、その通りです。著者はすでに、レッキとした佐賀ファンになってます。

江藤新平は、１８８９年の大日本帝国憲法発令にともなう恩赦で賊名を解かれ、今では明治政府立役者のひとりとして讃えられていますが、正四位どまりです。処刑後、佐賀では「**新平さんの墓に参拝すると百災ことごとく去る**」と、墓詣でが絶えず、県庁が柵を設けて参拝を禁止すると、今度は夜に柵を乗り越え参拝する人が、後を断たなかったそうです。

＊

これで、佐賀の7賢人のことは、ひととおり紹介が終わりました。幕末から明治にかけての、特

に弘道館から輩出された偉人傑物は、おそらくまだまだ郷土史家のかたや佐賀歴史マニアの努力によって、発掘され続けるでしょう。今後の活動に大いに期待するところです。

実は、これに続けて「新・佐賀の7賢人」を書こうと思い、いろいろ調べてみました。そこには、冒頭に挙げた人物の他にも、沖縄開祖の父**斎藤用之助**、文学者の**下村湖人**、『週プレ』での人生相談でもお世話になったハードボイルドの先駆者作家の**北方謙三**、「地雷を踏んだらサヨウナラ」で知られる報道写真家の**一ノ瀬泰造**、エロかっこいい漫画で個人的に大好きな漫画家**やまだないと**、やはり漫画家で国民的知名度の**長谷川町子**、２０１2年のミス・インターナショナルに選ばれた**吉松育美**、「佐賀のがばいばあちゃん」で人生2度目の大ブレイクをした漫才師の**島田洋七**、「ＳＡＧＡ」でも歌われた**松雪泰子**に**牧瀬里穂**、その「ＳＡＧＡ」を作った**はなわ**に、弟が結成した漫才師**ナイツ**、日本フェイスブック学会会長でもある**樋渡啓祐**武雄市長、などなど敬称略で挙げていけるのですが、現段階では「時期尚早に過ぎないかね？」という声を謙虚に受け止めつつ、上記の数人は切口を変えて、章をあらためて書かせていただきたいと思います。

なお、樋渡啓祐武雄市長さんには、本書の意図をご理解いただき、取材を快く受けていただいた成果を、コラムにて紹介しています。ズバリ！　平成の傑物です。どうぞ！

コラム

樋渡啓祐武雄市長体験記(会見記ではなく)

出張で武雄市役所をおとずれた人が、

「お宅（武雄市役所）もいろいろタイヘンだよねぇ」

本音を、極めて日本人的にボカシながら労ったところ、言われたほうは、すかさずこう切り返したそうです。

「タイヘンの一言で片付けないでくれよぉ」

タイヘン、とは、もちろん佐賀市役所の諸業務のことです。通常なら「当たり障りなくを旨とせよ」（というふうに世間は見ています）な公務員の職務姿勢ですが、武雄市の場合は「当たれ障れ」がモットーゆえ。でもこれは、武雄市の伝統ではありません。ひとえに、とある人が市長に就任してからの、いわゆる空気なのです。

その、とある人こそが、ここに紹介する樋渡《ひわたし》啓祐武雄市長です。以後、親しみと敬意を込めて、樋渡さんと表記させていただきたいと思います（あれ、なんだか漫才師ナイツの塙みたいな書き出しに……）。

樋渡啓祐武雄市長

樋渡さんは、1969年、つまり村上龍の自叙伝的小説『1969』に描かれた年に、武雄市で生まれました。実家は庄屋で、4代さかのぼって親たちが地区長をしていたような世話好きな家柄。幼い頃の記憶は「いつも酒ビンがごろごろ、タバコの煙がもうもう」というから、よっぽど人の出入りが多かったんですね。そして、3歳の時にはもう選挙カーの窓から手を振っていたとのこと。

「大人の世界っておもしろいんだなぁ。選挙って祭みたいでわくわくするなぁ」

そんな樋渡さんは、すでに、高校のあたりから武雄市長になることが目標でした。

東京大学を卒業後、総務庁にはいります。沖縄に住んだり、大阪の高槻市に出向したりと地方自治のキャリアを積みながら、内閣府にて国政の中枢的センスも吸収します。樋渡さんの中央と地方のバランス感覚は、こういう環境の中で築き上げられていったのでしょう。

2005年、総務省の大臣官房秘書課を最後に国家公務員を辞め、武雄市に戻ります。

「無選挙で（市長に）就任させるから、という当時の大人の言葉にだまされてねぇ（笑）」

2006年、祭、もとい合併後初の選挙戦を勝ち取り、見事初当選します。

就任早々に手がけたのが、テレビドラマ「佐賀のがばいばあちゃん」ロケーション撮影の誘致活動でした。市役所には「佐賀のがばいばあちゃん課」の看板が掲げられます。

一度、市民からリコールを突きつけられますが、

「祭だ！　燃えるぜ〜待ってました」とばかりに総辞職、出直し選挙で2度目の美酒を味わい、武雄市民病院の民間移譲を判断。2010年に再選され、2013年4月、世間を、すくなくとも本とスタバ好きをアッ！と言わせた「武雄市図書館」をオープンさせました。

樋渡さんの目指す地域活性化は、的を射たアイディアと、敵をも怖れぬ実行力に裏付けされたシンプルかつわかりやすいものですが、現場を担当する職員にとっては、ある意味右往左往させられる感覚があってもおかしくありません。

「でもね、たいていの（自治体の）地域活性化なんて、準備運動段階で、すでにヘトヘトなんだよね。ぼくは常に『今』しかないと思ってる。未来のビジョンを語る前に、まず目の前の課題をひとつひとつ解決していくことが、最も重要なんです」

過去に、刺された体験を持つ人の『今』という言葉には、非常に説得力がありました。ここまで

身体を張り、真摯に課題に向き合い、全力で楽しむ市長は初めてです。

「ぼくは官僚なので、仕組みは変えない。ただ、空気は変える」

失敗を怖れず、果敢にチャレンジせよ、責任はすべて自分が背負う。これが「タイヘン」の大本《おおもと》だとしたら、その人はきっと、公務員の仕事を舐めていた人かもしれません。

実は、樋渡さんと著者はSNS「フェイスブック」の友達です。そもそも、出会いも取材の申込も、フェイスブックのメッセージを通じておこないました。武雄市役所には「フェイスブック課」があり、職員は全員、アカウントを持っています。樋渡さんは、日本フェイスブック協会の会長でもあるのです。

「だからといって、やりなさいと言ってるわけじゃないです。だって、やらない自由だってあるわけだしね」

フェイスブック内で、武雄市の特産品を展開する目的で「サティスファクション・ギャランティード」という試みもスタートさせており、地域物産開拓を目指すよその自治体がどんどん後続隊となって、盛り上がりつつあります。

これからの課題は、教育制度の大改造という樋渡さん。

「実現したら、きっとアッと言うと思いますよ」

とにこやかな表情と穏やかだがシャープな口調でおっしゃいました。移住定住政策に関しては、

「これからは誰でもウェルカムじゃなくって、希望者は審査しようかなと思ってます。できるだけ

尖った人に来て欲しいから」

　武雄市のブランド価値を上げていく、という基本方針のもと、トップダウンも厭わず、とにかく職員を動かします。それに反発する人もいますが「敵なんて、いて当たり前」と涼しい顔です。これじゃあ、誰も敵いっこないの、ムリもありませんね。傍から見たら、

「お見事！　いいぞいいぞ、もっとやれ」

　と、勢い水をかけてやりたい感じです。そして、空気は、着実に変わりつつあるのだな、という印象も、同時に受けました。その数字が、図書館の月平均来館者10万人超と、満足度83％に、如実にあらわれていると思います。

「ぼくは、自分がまず日本人であり、佐賀人であり、武雄人である。この自覚の順序と、すべてに誇りと自信を持ってます。『日本の行政は、地方から変えるしかない』が、ぼくの信念です」

　やぁ、話を聞いてるうちに、武雄に来たら何か面白いことができそうだ、という気分にさせられました。これはひとえに、樋渡さんの人柄とカリスマ性から来ている感覚でしょうね。自分が佐賀人である、という響きに自虐感がまったく含まれていなかったことも、新鮮で衝撃的でした。

　樋渡さんは、現在進行形な人なので、先のことはわかりませんが、今ここにいたるまでの実績だけでも、もし「新・佐賀の７賢人」が選定されるなら、有力候補の筆頭にノミネートされることだけは間違いないと、著者は、非常に強く思います。なにせ、たった30分も話していないのに、これだけのことが書ける人って、なかなか他にいませんよ。

第４章　もしも、佐賀がなかったら

本著作の出版にあたり、佐賀におもむき、非常に多くの人に声をかけ話を聞きました。その中で、ちょっとしたやりとりに気がつきました。

最初は、パンフや参考文献に書かれた内容を、なぞるように確認する程度の話なのが、ある瞬間から急に、「実は……」と切り出すのです。それも１人や２人じゃありません。

唐津に住む友人は、こんなことを言いました。

「佐賀の人は、相手のことを気に入るか信用できると判断すると、自分や地元連中しか知らない『とっておき情報』を教えてしまいたくなるんです。『**実は、佐賀**』**話が、実は好きなんです**」

なるほど。著者は考え込みました。ひょっとして、出版後に「実は……」ネタがいっぱい出てくるかもなぁ、そうなるとこの本の価値って……そんな危機感すら覚えたものです。で、どう結論したか。こうです。

「そんときゃそんときばい！」

それだけ、佐賀は奥が深いのです。ダテに江戸時代に二重鎖国してたんじゃないです。幕府にナイショで密貿易したり、大砲や反射炉や造船所を作ってたんじゃないんです。秘密はまだまだいっぱいあるんです。本著出版後に「あのときは黙ってたけど、実は……」というメールが、なんかいっぱい届きそうですが、そこまで待てません。

そんなふうにして集めた**「実は、佐賀」**ネタです。どれも非常に興味深い。なので、ただ羅列するだけじゃもったいない。そこで、他の章とは趣向を変えた切口にしてみました。題して「もしも、佐賀がなかったら」。

誰ですか、ドリフのパクリじゃないかって言う人は。

そもそも「ドリフのもしも」シリーズを、ここで突っ込むアナタ、そうとうマニアですな。頼もしい限りです。

▼もしも佐賀がなかったら、日曜夜6時半の日本は、まったく違ったものになってたかも

「これを観ると、月曜日に会社に行きたくなくなる」

一時期、サザエさん症候群とまで言われ、没後の今なお、多くのサラリーマンにそう言わしめ続ける、日曜午後6時半を知らせる時の鐘がわり、大人気長寿番組と言えば、そうです、あの国民的

アニメの『サザエさん』です。その生みの親である**長谷川町子さんが、佐賀出身**であることは、ほとんど知られていません。なので、真っ先に紹介しちゃいます。

日本初の女性プロ漫画家、長谷川町子は、現在の多久市の生まれです（小城郡東多久村）。卒業した小学校は福岡市内なので、佐賀には数年しかおらず、その後も帰郷したとか等の話も聞かないので、ただ生まれただけの存在として記載を締めてもいいのですが、著者は、ちょっとした事実に、たちまち妄想が膨らんでしまったので、根拠のない（かもしれない）与太話を2つばかし、無駄にくっつけておきたく思います。

ひとつめが、東芝との関わりです。ご存知の通り、番組『サザエさん』のスポンサーは東芝ですよね。で、**東芝といえば、創業者が佐賀出身者**なのですよ。司馬遼太郎が、次のように書いていま す。

「（前略）田中近江・同儀右衛門という父子がいた。近江は『機械近江』といわれたほどに機械にあかるく、その近江のべつの子（名は失念した）が明治後佐賀から東京に出、芝浦で田中製作所というものをはじめた。それが芝浦製作所の前身である」（「体制の中の反骨精神」）

これって、偶然でしょうかね？

もうひとつ。長谷川町子が生涯独身を貫いた、敬虔なクリスチャンという話も有名ですよね。で、経歴を読むと、遺書の件で妙にひっかかったんです。曰く、密葬にすべし。曰く、遺書は納骨が済むまで公表するな、などなど。で、多久市あたりがどうだかわかりませんが、九州北部には実は、思わぬところで隠れキリシタンに関する話や遺構があったりするのです。このことから、長谷川町子の遠い祖先は、ひょっとして逃れて来た隠れクリスチャンだったのでは?という推理が、著者の頭をひゅっとかすめた次第でした。

や〜なんか、掘り下げてみたい衝動に駆られて仕方がないのですが、今さら著者が隠れキリシタンの仇をとっても仕方がないし、この妄想は誰かに委ねたく思います。

最後にトリビアを。『サザエさん』の第一声は「カツオ！　闇市に行くわよ」だったそうです。なんてたくましい！　どら猫をおっかけるなんて、訳もないことなんですね。

▼もしも佐賀がなかったら、沖縄と北海道は日本地図から漏れてしまったかも

もしも佐賀県の教育界が本腰入れて、維新の傑物だけでも教えていたら、きっとこんな会話が交わされたかもしれません。

先生「この佐賀がなかったら、日本地図から消えた地方があるのを誰か知っとるか」
生徒「はい、先生！　それは、北海道と沖縄です」
先生「うん、だいたいあっとる。もっと詳しくいいやい」
生徒「先生、そんなら、もうちょっと詳しく教えんば」

先生、不勉強ですな〜いや、責めちゃいけません。実際のところ、札幌建設一大プロジェクトを

立ち上げた島義勇はともかく、斎藤用之助のことは、Wikipediaでの記述すらないくらい、ごく一部の人以外は知らないのです。そのごく一部の人というのが、沖縄の久米島島民なのです。

顎髭がトレードマーク（？）の義勇のことは「7賢人」で紹介したので、ここでは沖縄で、特に久米島で「神様」と慕われ続けている、第11代**斎藤用之助**のことを、集中して書かせていただこうと思います。

簡単な略歴ですが、1859年に佐賀市内（川副町）で生まれ、弘道館に学び、最初の職業は佐賀県警の巡査でした。2年後、琉球が沖縄県となり鍋島直彬公が初代県令（今の県知事）となった際、巡査として赴任します。その後、行政マンとなって島尻郡長と那覇区長を兼任し、46年もの間、沖縄の近代化に尽くし、八重瀬町にある記念運動場を置き土産に退官。1933年に74歳で他界しました。

46年間の功績は実に多彩です。実業教育を推進し、特に機織・染色技術者育成に力を注ぎました。那覇から伸びる街道や農道も整備、あわせて農業用水源開発、製糖工場や農業試験場などを創設しました。

沖縄に大干ばつが起きた際、失業対策として珊瑚礁を開削、港を作る事業の陣頭指揮をとりました。現在、**土木遺産に認定されている「用之助港」**がそうです。

今で言う奨学金、貸費留学生制度を郡の事業で整備し本土に送り出し、またポストを与えました。その結果、多くの沖縄人が、農業・水産・機織・染色・土木建築の分野で活躍できるようになったのです。私欲もなく、退官の際には多額の寄付を島尻郡に申し入れ、体育奨学資金が設立されました。

ここまでの業績でもすごいの一言なのですが、「すごい」のとどめはこれです。

1913年4月、硫黄鳥島が噴火大爆発しました。島はいきなり大自然の猛威で住環境ではなくなってしまいます。そこで、用之助は決意します。

「久米島に、硫黄鳥島住民を全員避難させよう」

島民は約700名。たいへんな数です。しかも土地への愛着も非常に強い。そのことも、島という特殊な精神風土を嫌というほど熟知している用之助（あ、いつのまにか馴れ馴れしく名前で書いてる）、腹を括ります。どう括ったかというと、島民ひとりひとりと膝付合わせて、こんこんと移住を説得させるのです。説得の場には彼の大好きだったヒイジャー（山羊）料理をふるまったことでしょう。700人の中には素直じゃない人も、いたかもしれません。それでもめげず、10カ月をかけて全員を納得させ、全員移住を完了させました。その後のアフターケアも見事、彼らの生活安定のための施策も進めたのです。

久米島には「鳥島」という地区がありますが、ここの祖先は皆、硫黄鳥島からの避難民なのです。毎年、移住記念祭がおこなわれ、そこでの用之助は「神様」なのです。

用之助が、どれほど慕われていたかは、退官で島をいよいよ離れるとき、なんと1万人余の郡民が集まって愛称でもある「ヒイジャー郡長」との別れを惜しんだそうです。2011年には、鳥島地区の住民14名が、佐賀市内にある用之助の墓を初めておとずれ、墓前に手をあわせ100年前の功績に、あらためて感謝しました。

どうですか。著者は書きながら、交渉の様子を想像して、感無量でした。もしも彼の一生が映画やドラマになったなら、間違いなく号泣してしまうと思われます。

そして、7賢人どころじゃない佐賀の人材の広さ深さ多彩さにも、あらためて感じ入ります。もっともっと、本来なら学校で教え伝えていくべき人物のひとりですよ。失礼、めずらしく気持ちが高ぶってしまいました。

あ、でも、そうなると本著も「SAGA」も、この世に出ることはなかったかも、いやいや、自分で上げておきながら、急に心境複雑になってしまいました（汗）。

ちなみに、第11代斎藤用之助の先祖は、あの『葉隠れ』に初代佐渡守、子の用之助（たぶん初代）、その息子権右衛門とともに、忠義・豪雄の士等として記述されています。

▼もしも佐賀がなかったら、日本銀行も東京駅も、今とは大きく違っていたかも

大感動の後は、さくっと。

ほんとうは、さくっと書けないくらいの大人物であり、なおかつ建築物マニアの著者からすれば大ヒーローでもあります。が、感動というより、どちらかというと畏怖に近い感情を覚えるのも確

東京駅(国立国会図書館ウェブサイトより)

かです。なんせ、業績が偉大すぎるので。

1854年、唐津藩の下級役人だった姫松家の次男として生まれます。14歳のとき親戚の辰野の養子に入り、**辰野金吾**の原石が誕生します。

東京大学工学部の一期生で、最初は造船をめざしますが、後に専攻を建築に変更し、主席で卒業します。

ロンドン大学に留学の後、恩師であったコンドルを解雇、後釜におさまります。ここ、突っ込みたいけどやめときます。

その後の人生はまさに破竹の大進撃。東大工学部の学長に就任し、建築学会を立ち上げ初代会長に就任します。退官後には現工学院大学の設立にもかかわります。

辰野金吾は別名、辰野堅固とも言われ、頑丈な建築物を造るのが得意でした。**赤煉瓦に白い石を帯状にめぐらせる独特のデザインは「辰野式建**

築」と呼ばれ、多くのパクリ、いやフォロワーを生みました。みずほ銀行京都中央支店が、その典型例です。

手がけた建物は全国にとどまらずあまたありますが、大傑作と言えばやっぱり**東京駅**と**日本銀行**ではないでしょうか。最近、リニューアルした東京駅ですが、原型はしっかり残されるよう配慮されました。それだけ、見事で完璧な設計だったのです。まわりの無味乾燥な高層ビルが、ほんとうに疎ましく感じられてなりません。

変わったところでは、**旧両国国技館**と**万世橋**があります。前者は、辰野が大の相撲好きで、息子を相撲部屋に入門させるくらいだったので、さぞや楽しく仕事ができたのではないでしょうか。万世橋は関東大震災で焼け落ちてしまいましたが、さぞやカッコよかったのではと、想像をたくましくして再現にチャレンジしてみたいと思います。

１９１９年没。死因は、当時大流行したスペインかぜでした。

▼もしも佐賀がなかったら、日本の菓子業界の地図は大きく塗り替えられていたかも

現在、日本の菓子業界の大手メーカーと言って即座に名前の出るのは、明治、グリコ、不二家、森永、以上４社だと思います。もしも佐賀県がなかったら、うち半分は存在していないのですね。シュガーロードで菓子文化が全国でも一足早かった佐賀から、**江崎グリコ**と**森永製菓**の創業者が出

たのは、しごく当然だと思います。

江崎グリコの創業者、**江崎利一**は1882年12月23日に当時の神崎郡蒲池町に生まれました（1980年没）。家は薬種業を営んでいましたが、一向に貧しさから脱出できず、41歳のとき大阪に移住します。

塩売や代書業などで家計を支える中、利一は、有明海の名産である牡蠣に含まれるグリコーゲンの事業化を思いつきました。今の社長である江崎誠一が10歳でチフスに感染、医者もサジを投げたのですが、利一は息子に牡蠣エキスの試飲をおこないました。結果、見事に回復します。このあたり、鍋島直正公が、息子に天然痘の免疫を試験したエピソードが、頭を過ったことは想像しても不謹慎ではないでしょう。

グリコーゲンの事業化は、この件でさらに信念にまでなり、以後、アメの中に牡蠣煮汁から抽出したグリコーゲンを入れた試作品を、つぎつぎに作ります。

1922年、大阪三越百貨店にて、ついに菓子「グリコ」が発売されます。「**一粒300メートル**」というお馴染みのキャッチコピーと、**グリコのおまけ**（1927年から）の2大特徴で大ヒットとなりました。2月11日は、江崎グリコ創立記念日となっています。また、今でも社内ではキャラメルとは呼びません。

「弊社には、キャラメルという商品はございません」

はグリコのプライドでもあります。

１９３３年には酵母食品「ビスコ」を発売、その２年後には道頓堀・ミナミの戎橋に、あの巨大ネオン広告を掲げます。

一方、森永製菓の創業者、**森永太一郎**は１８６５年８月８日、伊万里市で生を授かりました（１９３７年没）。

実家は、有田で一番の陶器問屋で伊万里湾一帯の網元でもありましたが、父の代には事業が傾き、６歳の時に父が病死すると財産は人手に渡り一家離散。親戚をたらい回しにされる少年期を過ごします。伯父の山崎文左衛門に引き取られ、商人の心構えを叩き込まれました。

成人した太一郎は、かつての栄光をと陶器販売を目論みますが失敗。渡米して菓子製造技術を学んで帰国の後、１８９９年、東京赤坂に森永西洋菓子製造所を設立します。最初はマシュマロを製造販売していましたが、主力をキャラメルに切り替えました。ここから快進撃がはじまります。１９０５年には**天使をトレードマーク**に制定。これはマシュマロがエンゼルフードと呼ばれていたことと、太一郎がキリスト教徒だったことが由来とされています。

１９１２年に、森永製菓株式会社となりました。

一般的に森永のライバルは明治とされており、グリコの名前は挙がりませんが、両社にはおそらく、口には出さないエールのようなものがあったと推測しても不思議じゃありません。道頓堀にグリコのネオンが立てば、銀座には「銀座の地球儀」と親しまれた球形ネオンを。また、グリコが

佐　賀

『鉄人28号』のスポンサーになると、森永は『宇宙少年ソラン』のスポンサーと、当時小学生だった著者にとっては、作家名じゃなくスポンサー名でアニメを覚えるという一時代を築いてくれました。ちなみに『鉄腕アトム』は明治、『オバケのQ太郎』は不二家、著者に最も影響を与えた『エイトマン』は丸美屋がスポンサーでした。

意外なことに、ペニシリンの国産化に初めて成功したのは森永です（1944年）。また、安倍晋三首相夫人は、曾孫にあたります。

伊万里市には、お菓子の神社として全国でも珍しい中嶋神社がありますが、その業績を讃え、創業者森永太一郎の銅像が建立されています。伊万里焼探訪の合間に、よかったら。

▼もしも佐賀がなかったら、日本の家電業界の地図だって大きく塗り替えられていたかも

先の司馬遼太郎著『体制の中での反骨精神』ではカッコ付で「名前は失念」とありますが、**田中久重**です。そして、創業の地は、最初は芝浦じゃなく銀座でした。2代目田中久重のときです。田中製作所としては、記述は正しいです。芝浦の田中製作所は、1882年に設立されました。最初の製品は白熱電球。ここから社歌「光る光る東芝～」が生まれたんでしょうね。**東京芝浦電気**となったのは、1939年のことです。

初代の田中久重は、からくり人形や和時計を開発し「からくり儀右衛門」として知られ、2代目

のもとで技術職人として働いた技術者が、後の沖電気、池貝、宮田工業の創始者となることは、もっと知られていいかもしれません。

冷蔵庫・洗濯機・掃除機・炊飯器・電子レンジ、いわゆる白物家電の国産第1号は、すべて東芝です。

トリビアとして。東芝が製造した唯一の電車に、歩きお遍路途中だった著者は、余暇として偶然にも乗っておりました。高松琴平電鉄71号がそれです。女子高生に「お遍路は歩いてナンボやでぇ〜」とからかわれたのは、懐かしい思い出です。

もしもシリーズは、おそらく発掘さえすれば人材の宝庫である佐賀、まだまだ出土してくるでしょうが、最後に、この人のことを紹介していったん締め括ることにします。

皆さん、嬉野雅道さんをご存知でしょうか？

わからない？　じゃあ**嬉野D**では？

「はい！　ひょっとして『水曜どうでしょう？』のぉ〜」

正解です！　北海道HTBが1996年からスタートさせた深夜バラエティ「水曜どうでしょう」（以後「水どう」）のカメラ担当ディレクター、番組四天王のひとりです。

1959年に佐賀市に生まれ、東京の大学を出るとフリーランスの映像ディレクターとして働きます。奥様の北海道好きが高じて1996年に札幌に移住。すぐに「モザイクな夜V3」にかかわり、その流れで「水どう」のディレクターに抜擢されます。

２０１０年にはＨＴＢの正社員となり、コンテンツ事業部に配属されました。レギュラーの「水どう」は２００２年に終了しますが、今でも特番やイベントなどで続いており、ＤＶＤなども発売され、売上は上々のようです。

サイコロの旅、夜行バスの旅、絵葉書の旅、原チャリの旅など、非常にマニアックな企画と地方局ならではのおおらかな編集具合が人気で、テレビマンが選ぶ人気番組では、「タモリ倶楽部」「めちゃイケ」に次いで、堂々３位を獲得したほどです。

著者もアイディアに行き詰まると、YouTubeで懐かしいお遍路企画の場面を見ては、元気をもらっています（ホントですよ）。

嬉野Ｄは、相棒の藤村Ｄに較べて、なかなか番組に顔出しはしませんが、番組をユル～く引き締める「セリフのみ画像」や、食い物に絡んだ時の激怒シーンなどは、何回見て勇気をもらったことでしょうか。これは番組マニアの間でも有名らしく「45番岩屋寺騒動」としてアップされています。この命名センスに「鍋島の化け猫騒動」を連想したのは、著者だけでしょうか？

「水どう」には、九州もよく登場しましたが、なぜか佐賀はロケ地に選ばれていません。しかし、２０１３年９月に催された「どうでしょう祭」で配られたオリジナルどんぶりは、ちゃんと有田焼が使われています。佐賀にお金を落としてます（笑）。

派手に、じゃなく地道に愛情を！

嬉野さんもまた、そういう意味では、佐賀人の気質を引き継いでいるのでしょうか。ひょっとして将来、第2の島義勇と讃えられる日が、くるかもしれませんね。

コラム
サンポー食品訪問記

「最初に食べた即席ラーメンは?」

おそらく、大多数の日本人はこの質問に、「日清チキンラーメン」や「サッポロ一番味噌ラーメン」と答えるのではないでしょうか。しかし、九州生まれの著者の場合、即席ラーメンの初体験は**「サンポー軒の棒ラーメン」**でした。

サンポー食品は、マルタイ(福岡市)、五木食品(熊本市)と並ぶ、即席棒ラーメン御三家として、九州では圧倒的なシェアを誇っています。『佐賀の逆襲』を担当するにあたり、本社が佐賀県にあることを知った著者は大興奮して、迷わず訪問取材を申し込みました。願いは快く受け入れられました。

九州高速からくっきり見える「焼豚ラーメン」の看板に、著者は何度胸を高鳴らせ、腹の虫を泣かせたことでしょう。サンポー食品本社は、基山町にあります。高速道路と反対側、敷地フェンスのすぐ外はもう福岡県(小郡市)の田んぼという、ギリギリ佐賀県な穀倉地帯の真ん中にあります。まるで、文通だけで顔も知らないまま消息の途絶えた初恋の人に会うような面持ちで、著者は門

サンポー食品

をくぐりました。外見は、何の変哲もない工場内の2階建建物で、病院みたいな受付がはいった正面にありました。

創業は1921年。米穀卸商店大石商店が源です。場所は最初から基山町でした。1949年に旭製麺製造所を設立、当初は主にソーメンを作っていたそうです。10年後の1959年にに棒状インスタントラーメンの元祖「三宝ラーメン」を製造開始。1965年に、元祖商品名からとった現在の会社名になりました。著者の初体験もこの頃です。

そして、1978年に大ヒット商品のカップ麺「焼豚ラーメン」を発売します。この商品が大当りし、関門海峡を越えて売り出され、今では東京都内のスーパーやコンビニでも手に入るようになりました。もちろんスープは、よっぽどの表示がない限り、こってこての豚骨味です。意外にも言われるまで気づかなかった焼豚ラーメンの焼豚は、発売当初

サンポーラーメン

からハートのカタチをしていたとのことです。

サンポー食品は現在、棒ラーメンを6種類以上、カップ麺を7種類以上、製造販売しています。カップ麺には、長崎ちゃんぽんや福岡名物ごぼう天うどんといった、美味しい変化球も含まれていますが、主力は直球勝負の九州棒状ラーメンです。

お昼前だったので、特別な計らいで焼豚ラーメンをいただきました。チャーシューはしっかりハート形。もう思い残すことはありま……いやいや、取材を続けなくてはと、気を取り直しました。

そんなサンポー食品に、著者はどうしても聞いておきたい、聞いておかねばならないことが3つほどありました。

ひとつ、**「佐賀ラーメン」は作っていないのか？**作っていないとしたら、それは何故か。

ふたつ、佐賀産の小麦は使っているのか？

みっつ、工場見学はやってないみたいだけど、それはまたなにゆえ？

最初の問いには、商品開発部の古川揚一課長から、明快な答えをもらいました。

「実は、2003年に話はあったんです。『SAGA』のヒットに便乗して出してはどうかと。でも、断念したとです。いろいろあるのですが、やっぱり（佐賀ならではの）これ！ちゅう特徴のなかったことですね。即席麺の場合、スープが特徴の決め手になりますが、博多の本場、とか、久留米のこってりクリーミィとか、要するに売り文句が見当たらない。強いていうたら、博多と久留米の中間とか……（苦笑）」

インパクト欠乏症、ここにも佐賀ダージがありましたか。途中から「おもしろそうやないね」とご同席いただいた伊藤義幸取締役。佐賀への援護射撃をするかと思えば、

「ちゃんぽんも実は、井手さんのような佐賀ちゃんぽんスタイルは、一応はあるとです。ただ、長崎のチャンポンの具が海鮮なのに、佐賀ちゃんぽんは豚肉で、あれはちゃんぽんとは呼ばんという声が大きくて……（苦笑）」

聞くと、取締役は柳川のかたでした。

そんなわけで「佐賀ラーメン」のお披露目は、本書の大成功にどうやらかかっているようでもあります、うわ、責任重大じゃありませんか。

ただ、生卵の話をすると、

「あれ、近所の『丸幸』さん（九州のラーメンチェーン店）も、卵ば頼むと生卵で来るはずやん

ね」

企画管理部の生粋の鳥栖っ子藤吉信裕係長も、そういえば、な気付きをしたのです。どうやら、**佐賀ラーメンの特徴とは、トッピングの生卵にあるのでは**、というひとまずの結論を得ることができたのは、思わぬ収穫でした。

現在、地名のついたサンポー食品のラーメンは、博多、久留米、熊本、長崎（ちゃんぽん）というラインナップです。

佐賀小麦の件は、現在、**全農に唯一加盟していない佐賀JA**の扱いで、ソーメン、冷や麦、うどんを佐賀県内のAコープにて限定販売しているとのことです。蛇足ですが「ラー麦ラーメン」という棒ラーメン商品が売られてます。これは、福岡県がラーメンのために、品種開発したその名も「ラー麦」を使っているものです。あらら、なんだか興味がむくむくと。こういうところが、福岡のアピール上手さなのでしょうね、きっと。

「工場見学は、今は中断中です。ショールームは一応あって、直販も細々とですがやっております」（古川さん）

「**ここは陸の孤島やけん、近所の人くらいしか来んとですよね**」（伊藤さん）

確かに、最寄りの駅は第3セクター甘木鉄道の立野駅。付近は一大物流基地の工業地帯。なかなか気軽に来れる場所じゃあありません。そのぶん、いろんな運送会社がひっきりなしに出入りしては、サンポー麺を全国に届けているのです。

こうして、著者の取材訪問は時間となりました。名残惜しいのは言うまでもありません。そして、本著で初めてサンポー食品のことを知った人は、ぜひ近くのスーパーかコンビニでサンポー食品の「焼豚ラーメン」を探してみてください。ハートのチャーシューが、幸せを運んでくれることでしょう（たぶん）。

第5章　佐賀パゴス観光案内

「佐賀の見所？　なんもなかよ」

とは、佐賀の人が観光について問われた時に、おうむ返しに発する言葉です。

「佐賀は、佐賀全体が観光地なんや〜」

これは、現在は佐賀に完全移住された漫才師・島田〝がばい〟洋七さんの発したセリフです。

著者は、数多く会った佐賀人から、冒頭の言葉を何度となく聞き続けました。実際に自分の足（と車）で佐賀をまわってみて、洋七さんのセリフのほうが、正解に近いという確信を抱きました。

当初、佐賀の観光といえば焼き物くらいしか浮かばなかった著者が、章立てじゃなく、コラム扱いにしようかと考えていた「佐賀観光案内」を、急遽、章立てに変更したのも、そのためです。

ところで、ガラケーって、知っていますよね。著者は最初なんのことだかわかりませんでした。聞くと「（日本）国内で特殊な進化を遂げた、iPhone 以前の携帯電話」のことのようですね。「ガラ」とは、特殊な生物進化を遂げたガラパゴス島とのことです。

ガラパゴスを「佐賀県という局地で特殊な進化を遂げた」と解釈すると、それこそ正しく佐賀観光ってことを、思うに至ったのです。

百聞は一見にしかず、という言葉があります。意味は皆さんご存知でしょう。たいていの観光地って、書店に並ぶさまざまなガイドブックや観光案内所でのパンフレット、ネット情報なんか（百聞）で、行く前からある程度の「感動の組み立て」だってできているじゃあないですか。ところが佐賀、書店にガイドブックが置かれていません。いや、正確には出版はされているのですが「刷り部数が極端に少ない」ゆえ、店頭に並ぶ機会がとても貴重なのが実情です。

ガイドブックで佐賀に関係する本を探すと『福岡＋唐津』とか『雲仙温泉＋嬉野温泉』など、必ずと言っていいほど他県とのカップリングでしか目にしないのです。

一見にしかずは、まずは百聞があってこそ成立するのですが、佐賀の場合、その百聞がどうにも乏しいのです。これじゃあ、興味を持てというのがムリですね。もっとも最近では、さすがの佐賀も観光の重要さを肌で（財布で？）感じたのか、以前とは異なる観光誘致の熱を感じたりはするのですが、まだまだです。

ということで、著者は佐賀にウイークリーマンションを借り、そこを足がかりに足掛け2週間、自分の五感をフル稼働し、佐賀観光スポットを探しまくりました。正直「あんまりなかったらどうしよう」という不安感は大いにありました。なので、〝まくった〟のです。

ところが！　です、しかし！　です、ばってん！　です。いや、佐賀では「ばってん」とは言わないか。ともかくです、たくさんありました～佐賀の観光スポット。予想をはるかに越えた質量に、喜びを通り越し途中から気絶しそうになったくらいです。

ただし、著者の嗜好が、かなりマニアックなことも加味していただきたく思います。というのも、**佐賀の観光スポットは総体的に非常にマニアックな色彩を帯びており**、地元の観光パンフレットですら小さく扱われているような個所が多かったのです。著者からしてみれば、むしろ佐賀独自のマニアックな点を強調したほうが、かえって繁盛するのになぁ、との実感がありました。事実、ここで紹介したスポットを東京の友人に話すと、受話器の向こうの声が徐々に興奮を帯びてくるのが、はっきりわかりました。友人もマニアックな嗜好の持主なのは、言うまでもありません。

このことから、佐賀の観光は、いわゆる一般大衆のことは一切無視し、マニアックな切口で紹介すると、絶対に受ける。そう踏んだわけなのです。

ここで著者が何回も言葉にする「マニアック」。何をもって？と突っ込む人がいるに違いありません。なので、簡単に定義だけしておきます。とはいえ、世間一般のマニアックとは、なにかしら「違う」定義であることもご理解下さいね。

まず、佐賀の観光には歴史がつきもの。したがって歴史マニアに非常に好評なマニアックさ。

次に、広くポピュラーに知られたものが少なく、手がかりも少ない。実際に足を運ばないと、なかなか実体が文字や写真だけではつかめないものが非常に多いマニアックさ。

そして、佐賀エリア内で独自の進化を遂げたアイテムが、非常に多いマニアックさ。何か、これらをイッパツで表現できる章見出しはないかな～と考えて、ふと口を出たのが「**佐賀パゴス**」でした。

「佐賀ダージ」と並び、語呂もいいし、我ながら的を射たフレーズだな、とちょこっと鼻を高くさせてもらえると、嬉しい限りです。

おっと、自分自身に酔うところでした、それでは、著者が総力を結集した「佐賀パゴス観光案内」、佐賀をおとずれる前の、参考にしてください。洋七さんの「佐賀は、佐賀全体が観光地なんや～」のセリフも、読めばうなずけること請け合いますよ。

▼武雄市図書館・歴史資料館（武雄市）

住所：武雄市大字武雄5304―1／最寄り：JR佐世保線「武雄温泉駅」より徒歩10分

月あたりの来館者が約10万人。年間で120万ペース。武雄市の人口は5万足らず。つまり、武雄市民が毎月1人あたり2人を武雄に連れて来て、武雄の魅力を体験させるチャンスを作るにとどまらず、宿に飲食にお金を落とさせるという実績を、ひとつの地方図書館が生み出しています。それゆえ、著者は、真っ先に紹介したい観光スポットと、あえて「佐賀パゴス観光案内」の冒頭に持ってきました。

著者は、2回おとずれました。最初はゴールデンウィーク合間の平日。宮崎から車でです。オープンから1カ月後のことです。

驚いたのは駐車場。ナンバープレートに示されたエリアの種類でした。佐賀ナンバーは当然として、福岡、熊本、鹿児島、大分、長崎、宮崎、山口はもちろん、岡山、大阪、品川、練馬、名古屋、横浜、湘南（カッコいい）、大宮、仙台、秋田、そして函館、旭川ナンバーまでありました。かろうじて空いていた、最もエントランスから遠いスペースに駐車しましたが、次々にやってくる車たちは、隣の YouMe タウン駐車場を使うなど、ごったがえしてました。

中に入ると、今までの日本の図書館からは、まず連想できないだろう空間が飛び込んできます。ぼくが知りうる限り、ここまで開放的で、本が隅から隅まで見渡せ、機能的なのにデザイン的に美しい図書館は、おそらく初めてでしょう。代官山の蔦屋書店のスペースをイメージしたそうですが、ぼくにはフランクフルトの書店がすぐに連想されました。そこには、カフェスペースがあり、人々が楽しく会話をしながら本も楽しんでいるという光景です。

本のレイアウトには、したがって相当にこだわったとのことでした。

「本の背表紙を美しく見せたい」

コンセプトのひとつが、これとのことでした。確かに！と、著者も膝を叩きました。ある意味、背表紙こそが本の最もお洒落な箇所かもしれません。つまり、本好きにはたまらない空間演出なのです。図書館イノベーションを強力に押し進めた樋渡市長は本が大好きで、その思いもいたるところから伝わってきました。室内撮影はＮＧ。ここは、佐賀をおとずれる際には、ぜひとも訪れて欲しいと、心から思えました。

写真撮影は、一応「人が映らなければＯＫ」をいただいたのですが、取材日も、どこかから大勢の視察団やら、利用者が（武雄市民と安易に書けないのも、すごい）わさわさいて、30分ばかり粘って断念しました。これは百聞は（本なので百読は）一見にしかずのたとえどおり、ご自身の目で確かめてもらえればと思います。

そんな快進撃を続け、今や佐賀県随一の集客装置＝観光スポットに躍り出た、武雄市図書館の簡単な流れを書いておきます。

著者がこの世に弾き出された１９５７年２月に遅れることひと月の同年３月、武雄市立図書館が町立図書館を引き継ぐカタチで誕生しました。３回ほどのマイナーチェンジの後に、２０００年10月、歴史資料館を併設した「エポカル武雄」となりました。ここで終わっていたならば、観光案内で取り上げることは、まぁ、間違いなくなかったでしょうね。

激震は、２０１２年に起こります。

樋渡武雄市長が、同年５月４日、カルチャー・コンビニエンス・クラブ社（以降ＣＣＣと表記）を、市役所の指定管理に抜擢しました。ＣＣＣとは「Ｔカード」を発行し「TSUTAYA」で有名な蔦屋書店を手がける全国規模の会社です。ＣＣＣが指定管理となると同時に、貸出対象が、国内居住者に一気に拡大されました。このことにより、武雄市図書館カードは、ほぼ誰でも作ることが

武雄市図書館Tカード

でき、また『Tカード』所有者は、誰でも図書の貸出サービスを受けられるようになりました。

図書館の、あっと驚く大イノベーションが衆知に披露されたのは、2013年の4月。図書館に「蔦屋書店」が併設されました、さらにスターバックス・コーヒーショップが入りました。その102席は、別に図書館利用者でなく、ただコーヒーを飲みにやってきて、四方山話をしても大丈夫なスペースとして機能していました。

「図書館の、ちょっとでも私語をしたら冷たい視線が向けられる、そんなスペースにだけはしたくなかった」

樋渡市長のコンセプトは、正解と言えるでしょう。図書館が設立した時代と異なり、今やパソコンを持ち込んだり、CDやDVDのイヤホーン付視聴ができたりと、用途も役割も、変化し続けてきたのです。その意味で「新しい図書館のロールモデル」（樋渡

武雄市図書館スタバ

市長）としての壮大な実験装置でもあるのです。

おもしろく思わない人々による、さまざまな意見書やクレームが寄せられているそうですが、新しいことをやるときに、そうした足の引っぱりは想定内。

走り出したばっかりですが、武雄市図書館が佐賀観光の起爆剤でしばらくあり続けることは、間違いないでしょう。

締めに最新情報を。２０１３年６月27日〜７月１日におこなわれた来館者アンケートで、「83％の人が満足」と結果が出たようです。

▼『佐賀のがばいばあちゃん』ロケ場所巡り（武雄市・佐賀市等）

「ＳＡＧＡ」以前に、佐賀県を一躍全国区に押し上げたのが、**漫才師・島田洋七の自伝**です。初版は自費出版で１９８７年。２００７年までに４００万部を売り上げた大ベストセラーにしてロングセラーです。

これだけ評判になった作品ですから、２度の映画化をはじめ、舞台化、漫画化、そしてもちろん

がばいばあちゃんロケ地

テレビドラマにもなりました（放映は２００７年１月４日21時～23時半）。

テレビ化にあたって、メインロケ地として樋渡啓祐氏が市長に就任したばっかりの武雄市が誘致に猛プッシュ。佐賀のがばいばあちゃん課まで設置する熱の込め方の甲斐あってか、見事に射止めることができました。

作者の島田洋七さんによると、佐賀県での視聴率が88％（関東でも19・２％と大成功）だったこのドラマは、その後第２弾も放映されました。昭和30年代のばあちゃん家を再現したオープンセット自体は取り壊されましたが、武雄市では、川の上流の市場から流れてくる、売り物にならない野菜を拾うという有名なシーンほか、幾つかのロケに使われた淀姫神社をはじめ計25カ所を、「ドラマのロケ地を巡ろう！」と、観光利用に活用しています。

ちなみに、佐賀駅の職員としてはなわが出演していることは、軽いトリビアです。

▼佐賀空港公園のYS-11（佐賀市）とヘリコプター遊覧飛行

1998年7月28日に、佐賀県のさらなる飛躍の思いを込めて開業した有明佐賀空港。月日の経過とともに、大阪便と名古屋便の廃止など苦戦の状況だけが目立つようになりました。が、著者が紹介したいのは、そういうネガティブラーな話ではなく、マニアックな観光スポット。そのスポットは空港に隣接する佐賀空港公園に鎮座する、一機の国産旅客機（だった）YS―11です。

もともとは開港前の空港敷地内に現役引退した機体が、ただ保管されていたところを、県が、「空港が寂しかけん、譲ってくれんね」と、持主のエアーニッポンに話を持ちかけ、開港時に一般公開されました。その後、非公開となった時期もありましたが、2009年12月に佐賀空港公園に移動。塗装などを施して翌年3月28日から、土日祝に限って、ふたたび一般公開される運びとなったのです。

公開日は、ちゃんとタラップをのぼり、搭乗口から内部に入ることができます。座席や通路は現役時のままです。座ることも、窓から外を見ることもできます。

コックピットだって覗けます。そのアナログ感抜群な操縦席のボタンやハンドルの数々に、特に男の子の夢は否応なく膨らみます。大人だって、とんでもなくノスタルジックな気分に浸り、世間

佐賀空港公園に鎮座するYS-11

の煩わしさを心から忘れることができるのです。入場はもちろん無料。さほど期待してなかったぶん、感動は大きく、つい「佐賀パゴス観光」にリストアップしてしまいました。

佐賀空港、巻き返しに懸命な毎日は続きますが、どうやらさまざまな打ち出しにより、固定客が増えつつあるとのこと。ぜひとも頑張っていただきたいものです。

せっかくなので空ネタをもうひとつ。

佐賀航空（ＳＧＣ）では、**ヘリコプター遊覧飛行**を実施しています。皆さんも佐賀の県鳥カチガラスになって、佐賀平野を舞ってみてはいかがでしょうか。

住所：佐賀市川副町大字犬井道９４７６―１８８／実施：10時～17時（12月～３月は16時まで）／運休：荒天および機体整備時／定員：１機３名／料金：３分７、５００円～20分４０、０００円まで５

宝当神社への渡船場

コースあり、1機貸切料金で提示／最寄：JR佐賀駅からバスで35分

▼宝当神社（唐津市）

スペインにも、名前は忘れましたが、同じような聖地の村がありますね。唐津の**宝当神社**は、名前のとおり、宝くじマニアにとっては垂涎の聖地なのです。ジャンボ宝くじの発売日から当選発表までは、客の参拝がひっきりなしと、ガイドブック等での扱いは、仮にあってもほんのちょこっとにもかかわらず、期間限定の観光名所に躍進していています。

唐津湾に浮かぶ高島に、その御目出度い（かもしれない）神社は、鎮座しております。**参拝には船が必要**です。

主祭神は高島の産土神です。加えて海賊からこの島を守って亡くなった野崎隠岐神綱吉を奉ってます。建立は１７６８年です。綱吉の命日である旧暦8月23日には、例祭がおこなわれています。この神社が有名になる前の高島航路は、乗客と言えば住民と釣師と教師くらいでした。島には食堂のひとつもありませんでした。

１９９０年代にとある住民が宝くじを買い、名前にあやかって祈願したら、なんと高額当選してしまったのです。そこから「あすこで祈願すれば宝くじは当たる」という評判が立ちました。以降は地域おこし街道一直線。島には食堂ばかりじゃなく、観光客のために諸施設が整備され、社務所では「必当御守」「宝当あたり矢」といった「新商品」も販売されているとのことです。

人間なんて万国共通、弱くて現金で、だからこそ愛おしい生き物ですね。

住所：唐津市高島５２３／最寄：宝当桟橋から高島航路で10数分

陶器狛犬

▼陶山神社(有田町)

「とうざん」でも変換できますが、正式には**「すえやま」神社**です。さらに正しくは**陶山八幡宮**です。有田町はあらためて書くまでもなく「陶器市」で全国的に有名な陶磁器の町で、も

陶山神社の大鳥居

のすごい数の体験工房や販売所が、古い街並の両側にぎゅぎゅっと存在し、ガイドブックや観光案内でも強調されています。陶山神社にかんしては、ほんのついでの紹介しかありません。しかし、マニアックな「佐賀パゴス」案内としては、ここをイチオシしないわけにはいきません。

八幡宮ゆえ、主祭神は応神天皇。それに鍋島直茂公と有田焼の祖である李参平公を加えて配祀され、有田焼陶祖の神として陶工たちの崇敬を集め続けています。１６５８年に伊万里市の神の原八幡宮から分霊されました。主な神事としては5月4日の陶祖祭と、「有田くんち」として親しまれている10月16・17日にまたがる秋季例祭があります。

ここがマニアックに有名なのは、なんといっても１８８８年に竣工された、全身が白磁製の大鳥居（２０００年に国の有形登録文化財となる）ですが、実際に行ってみてもっと驚いたことは、他にも幾つかありました。

境内の狛犬、大水瓶、欄干などが磁器製なのは、陶工たちにより奉納されたものゆえ驚きというより感動なのですが、一番のけぞったのは参道。なんと、JR佐世保線の線路をまたいで伸びています。遮断機はありませんが、列車が通る際には、あれがカンカンと点滅しながら鳴って、参拝者の足を遮ります。佐世保線の延伸に際し、ひょっとして氏子さんたちとの間で一悶着あったんじゃないのかと、ハラハラしてしまいました。そのくらい特殊な参道です。

著者はゲットしませんでしたが、ここのお守りは有田焼製です。また、干支の絵馬は、毎年宮司さんが手書きで作られるとのことです。

住所：有田町大樽2―5―1／最寄：JR佐世保線「上有田駅」より徒歩

▼吉野ヶ里歴史公園（神埼市・吉野ヶ里町）

住所：吉野ヶ里町田手1843７
この「ただの歴史公園と、舐めてかかってほんとうに申し訳ございませんでした」と、規模の広大さと復元施設のクオリティの圧倒的な高さに、ただただ懺悔と感動の気持ちでいっぱいだった施設の全容は、「吉野ヶ里」でググってもらうことにして（無料開園日や体験コースなどの最新情報がこまめに更新されていますよ）、著者は、ちょっと違う視点から書いてみたいと思います。

吉野ヶ里

入口ゲートから、吉野ヶ里といえばたいていこの写真が出る「北内郭」までは、730mもあります。普通に歩いても10分、施設をきょろきょろしたり記念撮影したりしながらだと、優に30分はかかってしまうでしょう。それだけ「飽きない」施設なのですが、著者が感心したのは、歩道の美しさ。コラム「佐賀フットパス」でも書きましたが、カーブフェチの著者にとっては、吉野ヶ里の施設間の導線〜歩道は、まさしく理想的なフットパスでもありました。

また、カッコいい撮影をこころがけると、必ずと言っていいほど電柱やらなんかの視覚障害物が飛込んできたり、窓枠にアルミサッシが使われていたりと、やたら興ざめする日本の公園施設と異なり、吉野ヶ里は徹頭徹尾、**興ざめを起こさせない工夫**が園内の隅々にまで配慮されていました。おかげで、訪れた日は雨まじりの曇り空だったにもかかわらず、セピアの色合いがこのうえなくハマる写真がたくさん撮れました。

道に迷うことがあっても、10mおきに設置された表示板が「今はここだよ」と、楽しく教えてくれるので、安心してうろちょろ&パシャリパシャリができました。表示板は、いわゆる看板と、地面に埋め込まれたものの2種類あって、撮影の邪魔にならない向きの工夫もされているように感じられました。まるで、設計や造営段階で、カメラ目線を考慮していたかのようです。

そういう園内ですが、はからずも外を走る一般車道からも見える場所がいくつもありました。でも、だからといって興ざめはしませんでしたね。かえって、そのミスマッチな絵が微笑ましく、これにタンポポやコスモスなんかを絡めたら、マニア恰好の撮影スポットになってしまうという気分にもさせられたものです。

「吉野ヶ里歴史公園」は、フットパスとしても一流である。フットパスを地域活性につなげようと苦心している担当者にも、絶対に一度はおとずれて欲しい観光スポットです。

▼佐賀のTADA(無料)観光スポット

世界各国共通で、風光明媚とおいしい空気だけはタダ（水は有料）！というのが観光スポットの通り相場です。意地悪な言い方をすれば、パンフレットなんかに「空気がおいしい、人の笑顔がすてき」とアピールしているような場所は、ほかに見せるものが何もないと白状しているようなものです。

観光情報がほとんどといっていいほど、佐賀として見えてこない佐賀にも、ひょっとしてこの意地悪な見方があてはまると、来る前に漠然と心配していた馬鹿者は、この私です。前説にも書きましたが、佐賀の人は「月の引力が見える町」という、実にアッパレ見事なキャッチフレーズを編み出した太良町（「たらちょう」と読みます！）を除けば「売込みが下手」なだけなんです。

ここでは、著者が実際に、訪れて、見て「え〜これでタダ！　マジっすか！　通常なら入場料取ってもおかしくないのになぁ」と、つい思ってしまった拍手ものの観光スポットに限定して紹介したいと思います。

ちなみに、日本ではタダ＝freeと反射的に出ますが、世界的にはタダ＝gratuis（gratis）のほうが、より正しいです。はい、余計な行数稼ぎ的トリビアでした〜。

また、標題をローマ字にしたのには、とある敬意を込めた意味があることも、まわりくどく付記しておきます。

▼佐賀城本丸歴史館（佐賀市）

住所：佐賀市城内2―18―1／最寄：JR佐賀駅よりバスで10分
佐賀TADA観光スポットの代表と言えば、やっぱりここでしょう。総工費54億円ともいう堂々

佐賀城

たる歴史館は、10代藩主である鍋島直正公が再建した**佐賀城本丸御殿**のことです。１８７４年の佐賀の乱で大半が焼失しましたが、当時の［差図］（見取り図）や古写真をもとに復元されました。

佐賀の乱の際に貫通した銃弾跡もなまなましい鯱の門をくぐり、本来はＶＩＰ待遇の者しか使えなかった御玄関（以後、ほぼすべての部屋には、頭に［御］の文字がつきます）を入ると、そこからいきなり畳、畳、畳の洪水です。外御所院と呼ばれる大広間は、なんと３２０畳もあり、家臣が１０００人集まってもまだ余裕があったとのことです。その後も畳、畳、畳が続きます。なんと、廊下まで畳が敷かれていました。当時の佐賀平野はいぐさがたくさん採れたこともあるのでしょう。延床面積２，５００㎡で使われた畳の総数は７１２枚です。

外御所院の広大さからみると、直正公の居室だった「御座間」は20畳と、こぢんまりしたものです。

もっとも、廊下やなんかを合わせると、その倍くらいの広さにはなりますが、それでも藩主としては規模が小さなほうかもしれません。ガイドしてくれた御年齢83歳のおばあさんは、

「鍋島さんは、ほんとに佐賀に尽くしてくれましてねぇ」

と、まるで自分の恩人であるかのように、親しみと慈しみを込めて説明してくれました。

復元部屋のいくつかは、そのまま特別展示室として利用されており、著者がのぞいたときには、ちょうど「鉄道を夢見た男たち」展が催されていました。**佐賀藩は、日本で初めて蒸気機関車の模型を作り、辰野金吾が東京駅を設計、鉄道の開業には、江藤新平に大木喬任、大隈重信らが深くかかわるなど**、佐賀人なくしてJRなしとも言うべき貢献をしていたのです。この展示もまた、TADAでした。

「どうして入場無料なんでしょうかね」

とある飲み屋で、たまたま隣で飲んでいた佐賀人のサラリーマンに聞いてみました。多少、酔っぱらっていたその人の答えは、こうでした。

「きっと、入場料を取ったら、誰も行かんごつなるからと違うかな」

著者も、酒が入ってたからかもしれませんが、その説明には妙に納得させられました。

まぁ、そこはうまくしたもので、ひととおり見終わって御礼を言いつつ出口が近づくと、畳廊下の真ん中に、なにやら意味ありげな箱が置かれています。パンフレットの太文字表示の「入館無料」の下には、小さく「**満足度に応じた寄付をお願いしています**」と書かれてあります。その箱は、

長崎街道側溝蓋

投票箱のようにスリットが一筋とおっていました。
　著者は、財布の中から500円玉を取り出し、その中に気持ちよく落としたのでした。それでも、ちょっと少ないかもと、個人的には思ったくらいな満足度なのですが、あいにく、財布の中には、諭吉先生がお一人居残りいらっしゃるだけだったので、やむなく……です。

▼佐賀市歴史民俗館（佐賀市）
住所：佐賀市柳町2—9／最寄：JR佐賀駅より徒歩30分
「すみません、確認したいんですが、ほんとうにお金は要らんとですか？」
　受付で著者が思わず訊ねてしまった、TADA観光スポットその2です。佐賀市内、散策モデルコースのひとつ、**シュガーロードの異名を取る［長崎街**

歴史民俗館

旧牛島家

道」の東側にあります。

館といっても単体ではなく、街道沿いに建てられた旧古賀銀行、旧古賀邸、旧三省銀行、旧牛島家、旧福田家という、**明治から大正にかけての建築群の総称**です。

今なお誰かが住まわれているのかと思うくらい、庭も中も手入れが行き届いていて、佐賀人の清潔好きがいかんなく発揮されています。

なお、どこが長崎街道なのかは、道路の側溝蓋に、当時の旅人（飛脚と籠）が描かれたものでわかるようになっています。こういう個所での心配りにも、さすがと思わされました。

▼村岡総本舗羊羹資料館（小城市）

住所：小城市小城町861／開館：8時～17時／休館：年中無休／最寄：JR小城駅から徒歩25分
小城羊羹の代名詞、村岡総本舗が昭和16年に砂糖蔵として建設した建物を、30年前に資料館としてオープン。羊羹の歴史や製造工程などを紹介しています。すぐとなりに店舗があり、そこで試食・購入ができます。

▼佐賀県立九州陶磁文化館（有田町）

住所：西松浦郡有田町戸杓乙3100—1／開館：9時～17時／休館：祝日を除く月曜・年末／最寄：JR有田駅・JR有田駅から徒歩10分／追記：特別企画展等開催の場合は一部有料になる場合あり

▼佐賀県立名護屋城博物館（唐津市）

住所：唐津市鎮西町名護屋1931—3／開館：9時～17時／休館：月曜（祝日の場合は翌日）・年末／最寄：JR唐津駅からバスで名護屋城博物館入口から徒歩5分

▼ワーキングホリデーinななやま（唐津市）

住所：唐津市七山滝川1254／（平日9時～17時のみ）

受入農家で農作業があるときだけ募集の予約制。参加者は、1日手伝うことで農家が1泊3食を提供するというものです。期間や内容は問い合わせてください。

▼TADA工場見学・工場体験

数ある体験見学施設のうち、著者お奨め＋無料のもののみ記載します。たいていの施設は飛込不可の予約制なので、駐車場の有無等を含めてかならず事前に確認してみて下さい。また、常識的に考えても当たり前ですが、どこの会社・工場も、何がしかの突発的な緊急時が生じた場合は予約済でもキャンセルとなります。「せっかく休みを取ったのに」などと、訪問者の都合でぼやいたり不平を言わないようにお願いします。なお、別章で紹介したサンポー食品と、九州グリコに関しては、残念ながら、取材時点で、工場見学はおこなっていないとのことでした。人気の陶芸体験は、ほぼすべての個所で有料と考えておいて間違いありません。

1 **サン海苔**（佐賀市）：1月2月を除く水曜日に2回／定員15名／追記：有明海苔のおみやげ付
2 **味の素九州工場ミュージアム**（佐賀市）：年末年始を除く毎日4回／定員2～30名／追記：おみやげあり
3 **村岡屋製菓工場**（佐賀市）：水日・お盆・年末年始を除く毎日／定員20名～50名／追記：小城市の村岡屋総本舗とは違うので要注意。銘菓「さが錦」を作ってるほう
4 **ヤクルト本社佐賀工場**（神埼市）：土日祝を除く毎日／定員100名
5 **大塚製薬佐賀工場**（吉野ヶ里町）：土日祝・夏季休暇・年末年始を除く毎日／定員80名＊オー

バーの場合は要相談／カロリーメイトの製造工程他

6　**山崎ハム亀崎工場**（太良町）：8月～12月の土日祝を除く毎日／定員30名

7　**諸富家具**（佐賀市）：日祝を除く毎日／定員4名～10名／木工体験は有料（500円から）

8　**肥前手漉き和紙**（佐賀市）：11月12月以外の日曜を除く毎日／定員30名

9　**九州ＩＮＡＸ佐賀工場**（多久市）：土日祝を除く毎日／定員30名／ユニットバスの製造工程見学

10　**天山酒造**（小城市）：土日祝を除く毎日／定員25名／追記：試飲あり／追記：酒と茶、製麺および醤油製造会社は、天山酒造のほかにも、**宮島醤油**（唐津市）、**松浦一酒造**（伊万里市）、**幸姫酒造**（鹿島市）、**峰松一清酒造**（鹿島市）、**矢野酒造**（鹿島市）、**宗政酒造**（有田町）、**お茶ちゃ村**（嬉野市）、**ＪＡさが大型製茶工場**（嬉野市）、**古賀製麺**（神埼市）、**井上製麺**（神埼市）、**天吹酒造**（みやき町）、とあり、酒とお茶は、一部を除き嬉しい嬉しい試飲がついてきます。

11　**城島旗染工**（小城市）：土日祝除く毎日／定員20名／追記：伝統的武者幟の染付け工程見学

▼「佐賀パゴス」グルメその1～ノリとムツゴロウだけじゃない有明海魚介あれこれ

最初に断言しておきましょう。有明海は「海のガラパゴス」です。反論は受け付けません、以上。いや、以上じゃマズいですよね。でも、今ここで反論しないでもらえると、非常に助かります。

かっぱ亭

なんたって、言っちゃって大丈夫?と、著者は内心冷や冷やだったので。

有明海は面積約1、700km²、佐賀・福岡・長崎・熊本にまたがる日本でも最大規模の湾です。東京湾や大阪湾よりも、広いのです。伊勢湾だけがタメを張れます。

さまざまな気象条件や自然条件が折り重なった結果、有明海にしか見られない魚介類が多数生息しています。

その代表となると、なんといってもムツゴロウではないでしょうか。干潟の泥の上をピタピタと動き回るユーモラスな姿は熊をなでる「よしよしよしよし」でも有名な某作家さんの愛称にもなったくらいです。以前、福岡の柳川の鰻屋で、蒸籠蒸しといっしょに佃煮としていただきましたが、小城市の芦刈町には、ムツゴロウ保護区もあります。

ほかにも、クチゾコ（福岡でのクツゾコ）やらワラスボやらアゲマキやら、枚挙に暇がありません。個人的には、エツという魚の唐揚げにハマってしまい、おかわりまでしてしまいました。有明海のこうした海産物が多く食べられるのが、シシリアンライスの項でも登場する「**かっぱ亭**」です。是非！

あ、忘れるところでした。有明海と言えば、やっぱり海苔ですよね。おにぎりに巻いてパリパリ食べるのが、九州人の贅沢のひとつでもありました。今は、季節と場所限定ですが「海苔ヌーボー」として、いわゆる生海苔を食べさせる新たな食キャンペーンも生まれております。おいしい佐賀米のご飯とお酒、そして有明魚介の料理は、まぎれもない「佐賀パゴス」グルメの筆頭に挙げられるでしょう。

住所：佐賀市駅南本町4—24／URL：http://kappatei.homepagelife.jp／営業：11時～13時半&17時～23時／休業：日月祝（昼間）&第1・3日（夜）

▼「佐賀パゴス」グルメその2～シシリアンライス（たぶん佐賀全域）

「佐賀のご当地Ｂ級グルメは？」

佐賀駅の構内で女子高生やＯＬさんにこう聞くと、しばらく間をおいてかえってきたのがこれでした。

起源は不明、というか大人の事情で曖昧なのですが、生まれた時期は１９７９年頃、佐賀市中心

シシリアンライス

街のとある料理店（佐賀観光協会のパンフでは「喫茶店」）にて、賄い飯として生まれたもののようです。名前の由来はイタリアの島、シシリアとの関連性はまったくわかりません。このあたりのアバウトさは、お隣長崎県のトルコライスといい勝負だと思います。

ご飯の上に甘辛いタレで炒めた薄切り肉と刻みタマネギを乗せ、さらにトマトやレタスなど生野菜を盛りつけ、マヨネーズを網かけして完成、というのが基本パターンです。見た目はとってもヘルシーでローカロリーな印象ですが、肉にマヨネーズと、実際はそうでもないかもしれません。肉はさすが佐賀です、牛肉が主ですが、武雄市では害獣対策の一環で猪肉を用いいました。

著者が不勉強だったのか、シシリアンライスの存在を知ったのが、実は佐賀に足を踏み入れてからなのですが、２００９年に第１回が開催された「九州

B—1グランプリ」では堂々の2位を獲得。その後も、コンビニ弁当になったり、全国放送のグルメ番組で5位になったりと、なかなかの健闘ぶりです。なんと、ゆるキャラ（シシリアンナちゃん）やPRソング（「シシリアンナがやってきた」）まで作られて、毎年4月4日は日本記念日協会から「シシリアンライスの日」と認定されてもいるとのこと。

現在は、佐賀市内だけで36店舗が、上記基本パターンにそれぞれ工夫を凝らし、個性を競っております。著者は、「TOJIN茶屋」と「かっぱ亭」で、ランチとしていただきました。

居酒屋からフレンチレストランまで、値段も440円から1，300円までと幅広く、とにかく頑張って広めていこうと、観光協会はパンフまで作って頑張っています。フェイスブックには、シシリアンライスのページまで設けられています。

ここまでしてもなお「佐賀パゴス」感が否めないのはなぜなのでしょうかね？　これは、食べてみて感じたのですが、爆発的に広がるための「これぞ！」という決定打が、どこか足りないんじゃないかということなのではないでしょうか。

そんな思いに決着をつけようとしたのかもしれませんが、2010年から、オリジナルレシピを競うイベント「シシリアンライス甲子園」がスタートしています。

きっと、ブレイクは、今からやってくるのかもしれません。ガンバレ！　佐賀の高校生。我が地元グルメ「チキン南蛮」「特ホル丼」も負けちゃおられんね（ちょこっと宮崎PR）。

総合問い合わせ：（一社）佐賀観光協会／URL：http://www. sagabai.com

からつバーガー(ハムエッグバーガー)

▼「佐賀パゴス」グルメその3〜からつバーガー(唐津市)

ご当地バーガーとしては、佐世保バーガーのほうが名前は知られているかもしれません。が、こちらのバーガーだって負けちゃいませんよ。虹の松原(玄海国定公園)のど真ん中、移動式ワゴンで誕生した「**からつバーガー**」は、創業50年を誇る老舗です。今では唐津市役所のすぐ近くにも店を出しております。

特徴は、まずはオーブンでパリパリに焼いたバンズ。そこにレタスを敷き、ふわふわ卵・とろとろチーズ・パテ・ハムの組合せで5種類。価格は280円からすべてを挟み込んだスペシャルが460円。初代社長が考案したデミグラスソースが、最後の仕上げとしてかけられます。

売上の一部は虹の松原保全のため県に寄付と、食べて環境保全に貢献できるのもすばらしいです。著者が食べたのはハムエッグバーガーで340円。バンズのパリパリと卵のトロトロ、レタスのシャキシャキのハーモニーがたまりませんでした。そして、見かけの割にお腹にたまります。近所のOLさんのお昼御飯としても愛されています。注文を聞いてから焼きだすので、事前に予約しておくのも、次の予定が迫ってる場合はいいかもです。

URL：http://karatsu-burger.com／営業：10時～19時20分（最終オーダー）

▼「佐賀パゴス」グルメその4～佐賀スイーツあれこれ

佐賀のスイーツと言えば、まずは**「丸ボーロ」「小城羊羹」「松露まんじゅう」**でしょう。この3大クラシックスは、絶対にはずせませんね。最近では**「さが錦」**の人気が高まっているようです。それぞれに発祥となる老舗はありますが、上記4アイテムは今では全国のデパートの地下売場に、かならずといっていいほど出店されています。もはや全国区なので、ここでの紹介は割愛します。

江戸時代、長崎から荷揚げされた当時の高級品である砂糖を江戸まで運ぶ長崎街道は、シュガーロードと呼ばれたものですが、長崎の「カステラ」や「鶏卵そうめん」など、砂糖を使った菓子文化が非常に発達しました。江崎グリコや森永製菓の創業者が佐賀なのも、うなずけるところですね。

最近では、ご当地アイスに「佐賀パゴス」的ニューウエーブが生まれつつあり、どれも佐賀の特産を使った興味深いものばかりです。中でも「**焼のりアイス**」と「**海水みかんシャーベット**」は、そのネーミングからして、思わず心惹かれてしまいますよね。個人的には「**干し柿ソフト**」もあなどれません。売られている場所は県内複数なのですが、まずは道の駅「大和そよかぜ館」あたりから攻めてみるといいでしょう。

▼佐賀グルメその5～佐賀ソウルフード(うどん、ラーメン、ちゃんぽん)

日本人のソウルフードといえば、うどん、ラーメン、ちゃんぽん、焼きそばと相場が決まっています。それぞれの土地にはそれぞれの土地の地名を冠したソウルフードがあるのも、知っての通り。県名にしてしまったところすらありますよね。

佐賀も、実はソウルフード、盛んです。県内にはいると「**佐賀ラーメン**」の幟が目立ちますし、**井手ちゃんぽん**に**人力うどん**と、おそらく佐賀が発祥とおぼしき店が国道県道沿いに軒を連ね、昼ともなるとどこの駐車場も車でごったがえします。

しかし、讃岐うどんや博多ラーメンに長崎ちゃんぽん、日田焼きそばなんかと違い、その特徴をズバッと言えるかというと、おそらく誰もが、う～むとうなってしまうでしょうね。実際、サンポー食品に、佐賀ラーメンの特徴を問い合わせても、

「スープの特徴は博多と久留米の中間」

生卵入りラーメン

と答えていただけたのが、やっとこさでした。うどんにしても、ほかのソウルフードにしても、同じような答えになることは、まず間違いがなさそうです。

ただし、美味しいです。特に、豚骨スープが好きな人、コシのない柔柔麺が好きな人なら、佐賀ソウルフードも、おそらく気に入ることでしょう。

せっかくなので、著者のイチオシだけ紹介しておきましょうかね。

国道208号線沿い、サン海苔工場の近くにある「幸陽閣」です。赤黄と色鮮やかな表看板には焼肉・ラーメンとありますが、ラーメン専門店です。ここは、島田がばい洋七さんが、全国講演を終えて佐賀に戻ると、かならず家族で食べにくるお店です。

とても清潔な店内の一角に陣取って、卵入りラーメンを頼みました。すると、ゆで卵じゃなく生卵で供されたのです。写真をフェイスブックに掲載した

とたん、
「生卵？」
と、福岡出身者から突っ込みがきたのは、やはり他所では見かけない食習慣なのでしょうね。そういえば、鳥栖のラーメン店でも、卵はやっぱり生卵だそうですよ。

▼えびす様88カ所巡り

七福神の中で唯一、日本で生まれた神様が恵比須さまです。両親は古事記でもおなじみ、イザナギノミコトとイザナミノミコト。正式名はヒルコノカミです。ある事情で彼は海に流されました。漂着したのが今の兵庫県西宮と言われています。西宮にはしたがって、恵比須神の総本社があります。

ではなぜ、**佐賀に恵比須信仰が根付いたのか**というと、これまた諸説ふんぷんで、決定的な理由はありません。ただ、確認されているだけで、佐賀市内に限っても、なんと８０８体の恵美須石像が点在（失礼！鎮座）おわします。他を含めると、ひょっとして佐賀県の人口を上回、いやいや、さすがにそこまではないでしょう。確かめたわけではありませんが。

そんな８０８体の恵比須様から選りすぐられた88体を巡礼するという、まさしく「佐賀パゴス」観光が組み立てられました。おりからのウォーキングブームに乗っかって、健康になるうえにご利益までいただけると、休日平日を問わず、市内のあちこちで恵比須様巡礼をおこなう旅行客が見受けられます。

えびす88カ所巡り

佐賀市内は、来ればわかりますが坂がほとんどありません。なので、自転車で巡るというテもあります。

１番恵比須さんは「旅立ち恵比須」とも呼ばれ（88体それぞれに愛称があり、ご利益も異なります）、なんと佐賀駅のホームにおわしますが、駅員さんに「すいません、恵比須さんを」と言うと、笑顔で通してくれます。ホームに向かう前に、まずは観光案内所で「通い帳」をもらってください。ここに地図やお参りの作法なんかが、詳しく楽しく記載されています。

ちなみに、著者もウィークリーマンションの自転車（無料）で、22カ所ほど巡礼参拝させていただきました。ご利益は、きっと、そのうち生まれるでしょう。

あ、そのえびすにちなんで、去る７月24日には、ＮＰＯユマニテさがによる「エビスパーティ」なるものが、ＹＥＢＩＳＵビールと提携のもとで開催されました。ＹＥＢＩＳＵビール３杯で１０００円とは、なんとも魅力的じゃあありませんか！　飲む地域活性化イベントです。

チラシには「今年のパーティは〜」とあったので、おそらく来年もあることでしょう。

佐賀市観光案内所：佐賀駅構内／営業：8時半〜18時（土日は17時まで）／自転車（6台）貸出1日500円

NPOまちづくり機構ユマニテさが／URL：http://www.humanite-saga.com

コラム

三重津海軍所跡

著者は特に歴史マニアというわけじゃありませんが、ひとかどの興味は持ってます。しかしながら、佐賀にこんな遺跡があったとは、しかも、2013年には国の史跡に指定され、そのうえ世界遺産登録を目指しているくらい価値があるものだとは、佐賀をおとずれるまでまったく知りませんでした。「まったくといって良いほど」じゃなく「まったく」です、ここ、強調しておきます。

三重津海軍は、筑後川の支流である早津江川河口に位置しました。前身となったのは1858年設置の御船手稽古所。アヘン戦争による清の敗北で、長崎警備を担当していた備前藩が、欧米列強への強い危機感を抱いていた頃です。

そんなタイミングで、世界状況のまったく読めてない平和ボケ徳川幕府は、こともあろうに1859年に長崎海軍伝習所を廃止してしまいます。欧米情報通だった鍋島直正公は、そこを逆手にとって、長崎で学ばせていた藩士たちを三重津に集結させました。帰郷した伝習生たちの訓練の場を確保すると同時に、蒸気船の修理・製造をおこなう施設を増設していきます。1865年には国産初の蒸気船「**凌風丸**」を完成するまでになりました。三重津はこうして、東洋一進歩的な佐賀藩海

国産初の蒸気船「凌風丸」
「原資料：佐嘉神社所蔵・画像提供：佐野常民記念館」

軍の拠点となるのです。

　三重津海軍所跡は、最盛期には前身（船屋）、訓練所（稽古場）、船修理等のドライドック（修覆場）の大きく3地区に分かれ、早津江川河川敷に全長約600mにわたる規模を誇りました。

　三重津最大の特色は、修覆場地区に顕著です。ここには艦船部品の補修や製造をおこなう「補修場」と「御修覆場」という、いわゆるドックがあったのですが、通常なら石とレンガで作られるドックが、木と土で作られたことが発掘調査で判明しているのです。ちなみに、この時代の蒸気軍艦の名前はユニークで、「電流丸」「観光丸」なんてのがありました。ウケ狙いじゃないです。言葉の使われ方の変遷を、感じさせられる思いでもあります。

　跡地からは、石炭や様式船舶用ロープなどが出ており、この時代の鍋島藩の先見の明を、あらためて思い知らされました。こんなおいしい施設を、なぜ今まで知らなかったかというところに、徹底した秘密主義、二重鎖国と言われた佐賀の精神面での二重構造をも、同時にうかがえることとなります。

三重津海軍所の閉鎖時期は、しかしはっきりしていません。1888年の地図（字《あざ》図）には「元海軍所」の小字名があることから、明治維新以降から1888年以前のどこかのタイミングであることだけは確かです。跡地は、その後、県立の商船学校となり、1933年の廃校をもって、今は佐賀7賢人のひとりで、三重津で活躍した郷土の志士佐野常民を讃える記念公園となってます。国産初の蒸気船「凌風丸」の実物大遊具や、海軍所レプリカなどが展示されている「**市立佐野常民記念館**」が建てられています。

そんな明治日本の近代化の大きな一翼を担った三重津海軍所跡ですが、世界的視野から「世界遺産」はどうなのかな?と、著者は考えてしまったのです。そこで、佐賀伝承遺産研究会の土《さ》師《じ》俊資《としすけ》会長にお話をうかがったところ、

「もちろん、世界遺産認定という目標は重要だし、それだけの価値がじゅうぶんにあると、私たちは確信しています。ただ、これにはもうひとつの目的があって、それが地域活性化なのです。私が生まれ育った旧川副町は、ご多分にもれず過疎化と高齢化が深刻化しています。住民は誇りを忘れかけています。私たちがこういう活動をすることによって、地域の人たちが地元に誇りを持って、イキイキと暮らしてもらえればという、祈りにも似た思いで、やっているのです」

「九州・山口の近代化遺産群」の構成資産として、そして世界遺産認定を目指しながら、地域活性

化も同時に取り組むという姿勢、まさしく本書の企画意図にふさわしいと思い、感謝の気持ちも込めて、コラムにて紹介させていただきました。

コラム

佐賀フットパス

最近、地域活性化の目玉として脚光を浴びだしているのがフットパスです。とはいえ、呼称の響きがいいのか、イメージだけが一人歩きしていくような懸念も、地域活性化ライターを標榜する著者としては、生じている昨今でもあります。

「え？　ここ違くねぇ？」

どこがそうとは言えません。まだまだ歩み出したばかりの地域活性化の取り組みだからです。首を傾げるコースも、若干ですが生まれつつあるような流れです。

ただ、佐賀市内に関していうなら、今後、日本でも最大規模のフットパス・シティーに進化していく可能性は、大いにあると実感させられました。それは、旧市内104㎢に縦横に走る全長200㎞にも及ぶクリーク（水路）と、田布施川をはじめとする、非常に美しく保たれた河川の存在です。

その前に、まずは**フットパスの簡単な解説**をしておきましょう。

フットパスの起源はイングランド。正確には「パブリック・フットパス」といい、**歩行者に通行**

長崎街道

権が保証されている道のこと。通行権とは、国有地・私有地の区別なく、対象となる土地を突っ切って歩行者が通行することが認められた権利です。ぶっちゃけると「歩くことを気兼ねなく楽しめる散歩道」というわけです。このアイディアは100年以上も前から、主にカントリーサイドを中心にありました。単体で長いもので160km、網の目のように広がる道を組み合わせると、総延長1、050kmというところもあります。

こう書くと、安全な道ばかりをイメージしてしまいがちですが、ゴルフ場や崖や湖沼地といった危険を伴う道が指定されていることもあります。そこを歩いて遭遇する事故は自己責任です。クレーマーの発生する余地は最初から最後まで皆無です。日本の場合、下手に自由度を制限してしまったことで反ってクレーマーの発生する可能性を作ってしまったことが、先述した著者の懸念の大きなひとつです。

水路

また、フットパスには道標として、金属またはプラスティック製の板に黄色い矢印の描かれたものが用いられています。ま、規格ではないのでそこは自由ですが、美観の意味でも、なんらかの統一は、今後日本でも必要となってくるのではないでしょうか。

さて、佐賀市です。フットパスの概念とかなり一致する散歩コースが、佐賀市に行ってみると、3つほど設けられていました。長崎街道は中でもとってもよく整備されていると感じました。

ここで一言。著者はB型です。つまり、誰かから「これがそうですよ」と提示した物を「はい、そうですか」とそのまま受け取ってそのまま実践することに対する、根拠のない反抗心が芽生えてしまうのです。天の邪鬼とも言いますかね。佐賀の「**ひゅうけもん**（**変わり者**）」にも近いかもしれません。要するに、自分で開拓しないと、あるいはアレンジしてしまわないと気が済まないのです。

フットパスのカーブ

そんな、時々とてつもなくもて余す自分自身の血を、佐賀では楽しく使うことができました。長崎街道を約3往復しながら、周囲をきょろきょろきょろ。街中の水路を見ながらきょろきょろが止まりません。ついには、長崎街道の西の端、高橋から東進する間に、田布施川の測道やら、どこか他人の庭を、それこそ突っ切ったりしながら、自分自身のフットパスを作り上げてしまったのです。そのプロセスの楽しいことといったら、もう〜♫でしたね。水はどこも澄んで美しく、とても以前「ぶんか都市」と揶揄された、不潔で蚊の多かったと言われるネガティブな面影はありません。

佐賀平野は、ほんとうに起伏がなく、歩きやすい上に、水路のおかげで幹線を除く道路がいたずらに整備されたりしていない、おそらく全国でも稀なエリアだと思います。特に、カーブフェチでもある著者にとっては、水路や河川に沿って伸びる未舗装道路のカーブの美しさに、しばし立ち止まってうっとり、ということも、一度や二度ではありませんでした。点在する古民家も、古民家フェチにはたまらない道標になるでしょう。

佐賀市のフットパスは、あえて行政なりNPOなりが「はい、ここからここを歩いて下さい、そっちにはいらないでください」などと横槍を入れないで、フットパス本来の意義でもある「歩くことを楽しむ」人が、自身の体力と興味と時間と相談の上で、自由に決めればいいと思うのです。そんな楽しみ方をする人が徐々に増えていけば、フットパスの人気コースは、ごくごく自然に決まっていくのではないでしょうか。

加えて寄り道こそが、フットパスの醍醐味でもあると、旅人である著者は、旅人感覚のわかってないフットパス設定者に、熱っぽく伝えておきたいのです。

とにかく佐賀は、ただ歩くだけでホント素晴らしい。

第6章 これから10年～「SAGA2013」ひ・と・ま・ず・完成

さて、いよいよ『佐賀に逆襲』（笑）違った、もとい『佐賀の逆襲』も大詰めに近づいて来ました。そして、とうとう、この時を迎えてしまいました。

実のところ、この章を作るのには、やっぱり躊躇とためらいがありました。

最初にも書いたように、著者は、父親が鳥取県、母親が宮崎県のハーフで、先祖代々さかのぼっても、佐賀、肥前とはこれっぽっちも被りません。資料読みを始めたのは、つい半年前。実際に足を運んだのはトータルで1カ月もありません。ほんとうは、お酒の席で、

「もう10年もたったんだから、いい加減古くもなるよ～そもそも、本人だって普遍的価値を狙って歌ったわけじゃないだろうし～」

わいわい楽しみながら、エビスビールと名酒「天山」をぐいぐいやりつつ、ネタとして盛り上がっていれば、それはそれだったのですが、興がのるにつれ、誰からともなく、

「いや、せっかくこうして集まっておるとやけん、本格的に手を加えてみらんね」

という空気が満ちて行き、ついには、

「やっちゃうか！」

という流れができあがったのです。そうなると、真面目で勉強好きなＤＮＡを持つ佐賀人は俄然強い。面白がる、という以上に、もっと「今の等身大の佐賀を、キチンと伝えちゃろう！」とばかりに、友人に律儀に電話をかけ、資料を集めてくれ、寝ているところを呼び出したり……はさすがにありませんでしたが、ともかく著者の予想をはるかに超える熱意と義侠心でもって、実に見事な**「ＳＡＧＡを勝手に検証委員会」**を設けてくれたのです。趣旨こそ違うものの、著者はここに**佐賀愛の本質的な強さ**を感じずにはいられませんでした。

また、佐賀に縁もゆかりもない著者が、本書をあらわすにあたっても、

「外の人間からみたほうが、かえって身びいきにならず、公平な佐賀本になる」

と、背中をあたたかく押してもらったのです。

「佐賀の者は、面接に来た人間が佐賀と他県の出身者なら、他県の出身者を迷わず採用する」

というくらい、公平性を重んじる県民性を有するのです。逆に言えば、それだけ期待も強く、またいい加減には書けないぞ、というプレッシャーも覚えました。なにしろ自身が作った法律によって処刑された江藤新平を、誇りに思う佐賀人なのです。

同時に、ＡＫＢ48の「恋するフォーチュンクッキー」を、佐賀県のＰＲにと、県庁職員はおろか

知事みずからも出演し、一丸となってサマンサタバサよろしくダンスするという、快挙的な動画を作るようなノリが、今の佐賀にはあるのですね。

「真面目さ」と「ノリ」。ひょっとして『佐賀の逆襲』のキーワードは、この2つに集約されるかもしれません。それをあらためて思うと、

「(検証)やっちゃうか！」

は、時代の絶妙な必然と、著者が言ったとしても、ちっともおかしくはないでしょう。

第2章にて、実況レポート風に書いたように、集まってくれた人は皆、心から楽しみ、そして真剣に「SAGA」に向き合ってくれたのです。佐賀愛を強く強く感じたことが、著者の強い追い風になったのは、あらためて申すまでもありません。

そんな思いを無駄にしたくない。

著者は、半ば開き直りました。もしも、あの歌い手さんと、万が一バッタリ遭遇することになった際は、彼が松雪泰子さんに対してしたように、その場で瞬時に土下座すりゃあいいじゃないか、と。ほかの佐賀のかたがたから、もしも（というか、確実に）、

「ありゃ、なんね」

とのお叱りには、謙虚に首部を垂れ耳を傾けよう、と。

集まった佐賀人の、知恵と愛とアルコールの結晶を、闇に葬ってはならないのです。売れる部数を、みすみす減らしたくないんです（著者だもん）。だって、本シリーズのコンセプトは「笑う地

域活性化」じゃありませんか！
ふぅ、ようやっと、気持ちが整ったみたいです。
それでは、いまから「ＳＡＧＡ２０１３」、謹んでご紹介したいと思います。

▼「ＳＡＧＡ２０１３」作詞　by 勝手にＳＡＧＡリニューアル委員会

ＳＥ：みなさん、ぼくのふるさとは九州の佐賀県ではありません。今日は、そこはひとつ大目に見ていただき、佐賀県民になったつもりで、この歌を歌って下さい。行くぞ〜！

ＳＡＧＡ２０１３
ＳＡＧＡ２０１３

うおぉぉぉぉぉぉぉぉ〜佐賀県

今日も　登下校する子供たちは　歩きなのに　ヘルメット
車なんて　滅多に通らないのに　蛍光テープをつけたヘルメット

クラスの　半分以上が　同じ自転車（色違い）

そして　残りの半分が　おさがり

佐賀にも　実は佐賀にも　空港があるんだ
国際線だって飛ぶけど　国内便は　1日に4便

マジで　ヤンキーがモテる（ヤンキーがモテる）
マジで　ミニスカートって何？（ミニって何）
マジで　蟻がデカい（デカい）
なぜか知らないけれども　ボウリングが　今ブーム

SAGA　佐賀
優木まおみは　佐賀　公表してたっけ？

バスに乗って　佐賀の県道を走ると　一面田んぼだらけ　まるで弥生時代
建物といえば　民家しかないから　バス停の名前が「山下さん家前」
本屋を探しても　どこにも　佐賀のガイドブックがない（ナッシング）

やっとのことで見つけたら　福岡のおまけ（糸島＋唐津）

県にはそれぞれ　素晴らしいキャッチコピーがあるんだ
埼玉の場合は「彩の国さいたま」
宮崎の場合は「来んね住まんね宮崎」
なのに佐賀の場合はまだ「佐賀を探そう」
佐賀の人間　まだまだネガティブラー

ＳＡＧＡ　佐賀
牧瀬里穂も佐賀　まだ公表してねえ？
ＳＡＧＡ　佐賀
江頭も佐賀　公表するな
ＳＡＧＡ　佐賀
中越典子も佐賀　もっと言いまくれ（北高優勝おめでと〜＠2007）

SAGA SAGA

これが 愛しいSAGA2013

エピローグ

　著者が、ちょうど佐賀フットパス構想に急速にのめり込んでいたタイミングの、ある日の昼下がりでした。自転車を降りて歩いていると、向こうから人が近づいてきました。年の頃は40歳代後半～50歳代半ばくらい。空き缶のはいった透明のビニール袋を左手に握り、雑草とアスファルトの境目を覗き込んでは、落ちていた空き缶を拾っていました。

「ご苦労様です」

　著者は、てっきり地元自治会かなにかの持ち回りでやってるとばかり思ったのですが、その人はにこりともせず、こう言ったのです。

「いや、オレが自分の意志でやっとる。なんかな、我慢ならんのよ。家の周りにこんなゴミがあるとが。道路っちゅうもんは、綺麗なんがいいに決まっとるやろ」

　違う日、違う場所で、著者は神埼市の生まれ育ちの大学生にこのことを話したら、彼はこう言いました。

「それ、自分にもわかります。ぼくでも、おなじことします」

大学生は、まだ成人式も迎えていません。

自転車に乗って、縦横に伸びる運河に沿って、けっこう出鱈目に走っていたとき、とある看板を見つけました。そこには、その地域一体に関する歴史的な記述があり、漠然と読んでいると、こういう内容の記述がありました。

「(前略)武家屋敷とか町人街という区別は佐賀にはなく……ともに協力して町の美化に努めていた……あるイギリス人の視察団が佐賀を訪れたさい『家々はみすぼらしいが、道はどこも立派だ』と感銘を受けた」

もう一度、ちゃんと正確に記述しようと、次に来たとき記憶をたよりに必死で探しまわりましたが、その看板に再会することは、とうとう適いませんでした。ただ、**佐賀の街中で道ばたのゴミを見つけることは、相変わらずやっぱり稀**でした。

もしも、もしも、富士山が佐賀県にあったなら、登山者が全員佐賀県人だったら、世界遺産の登録、10年は早かったかもしれないと、思わずにはいられません。

『佐賀の逆襲』執筆を受けるにあたって、最初に手にし目を通した本の中にこんなような記述がありました。たしか武田鉄矢氏の『武田鉄矢の博多っ考』だったと思います。

「九州の者が集まって飲み会を開いた。ひとしきり楽しんだところで散開となり、支払いの段になって意見が対立した。福岡人は『オレが払う』と言い張り、宮崎人は割り勘を主張した。鹿児島人は年長者が払うべきと言った。大分人は……、そして、佐賀人はというと、そもそも呼ばれていなかった」

2007年8月22日というのは、多くの佐賀の人にとっては忘れられない日です。激闘を制した佐賀県立佐賀北高校野球部が、甲子園で奇跡の逆転優勝を果たしたのです。ぼくの中では、当然ながら市内の盛り場はどこもフィーバー！というイメージが沸騰したのですが、話を聞くと、

「まあ、確かにふだんよりは賑やかかやったかな」

という、想像したより沸点の低い返事が返ってきました。

「その日は、職場で優勝を祝ってまっすぐ家に返り、スポーツニュースで副島さんのホームランのシーンをチャンネル変えながら観ました。祝杯？　いや、特に」

そう仰るOLさんもいました。この話を聞いたとき「佐賀人は、そもそも呼ばれていなかった」というのが、やたらリアリティをもって感じられたりしたものです。

今、すべての取材を終え、原稿を書き上げ、最後の締めである本章に取組んでいるのですが、こんなに密度の濃い歴史をもちながら、なんで自虐的にしか自分たちを語らないのか、実のところ、

ますますわからなくなっています。わからなくなりつつも、魅力がどんどん膨れていることも確かです。

そして、佐賀ほど、来てみないと知ることすらできないところだと、あらためて感じずにはいられません。

著者は、その意味で「**読んだ人が、佐賀にぜがひでも直接来たくてたまらなくなる**」ことを、構成および話題選びの主軸に据えて、取材に執筆に邁進してきました。志が完遂できたかどうか、現時点では自分ではなんとも言えませんが、多くの人が、『佐賀の逆襲』をカバンに潜ませ、有明佐賀空港から、JR佐賀駅から、佐賀大和ICから、ここ佐賀にやってきて、あちこちで、自分たちなりの発見や感動を見出してくれることを、そのことだけを切に願っています。


執筆にあたり、多くの人にお世話になりました。

こういう謝辞については、きっと何らかの流れのルールがあると思いますが、ぼくは、実現にいたった時系列で謝意を表したいと思います。いや、なんせ、自分のルールでやる＝B型な性分なもんで。

まずは、谷村昌平さん。名前に覚えのある人はこの「笑う地域活性化」シリーズの熱烈なファンでしょう。『埼玉の逆襲』『千葉の逆襲』著者が、ぼくを『佐賀の逆襲』に導いてくれたのです。

次に、会ったこともないぼくを、大胆にも本書の著者に起用抜擢してくださった言視舎社長の杉山尚次さん。執筆が決まり飯田橋の編集部にお邪魔したとき、本に賭ける情熱は、ぼくのスイッチを強く押してくださいました。ちなみに飯田橋は、著者の文筆業生活のスタートを切らせてくれた『月刊宝島』の編集部が30年前にあった場所。法政大学の学生とすれ違い歩きながら、不思議な因縁をも同時に感じたりしました。

その杉山さんから「絶対に頼りになるから」と太鼓判紹介いただいたのが、佐賀大学経済学部教授の米倉茂さん。博識ながら気取りのまったくない、非常に親身なかたでした。資料も人もたくさんご紹介いただき、特に本書を構成する段階で、大いに役立ちました。

根っからの大分人でありながら、佐賀大学に進み、熱烈な佐賀好きを公言する竹田市役所の後藤雅人さんからは、知己に乏しい著者のために、幅広い佐賀人のかたをご紹介いただきました。酒がそうとう進んでしまい、店の駐車場で「毛布にくるまって寝て」アルコールを抜いたのは、もはや懐かしい思い出です。

菰田康彦さんには、「日本一多忙な市長」樋渡啓祐さんの秘書官として、著者のリクエストに応えるべく時間確保に向け、ほんとうにスケジュール調整のお骨折りいただきました。フェイスブックでもご活躍しています。名前を見かけたら「佐賀の逆襲を読んだ」と、お伝え下さい。

（一社）佐賀市観光協会の小野健司さんには、単なる佐賀市紹介にとどまらない、深く広く佐賀愛に溢れたお話をいただきました。アポなしにもかかわらず、です。アポなしという意味では、唐津市観光文化スポーツ部の青木政道さんにも厚礼せずにはいられません。地域こそ違えど、「内容の濃い『佐賀の逆襲』にしてほしい」思いは、充分に伝わりました。著者がその声に、どれだけ応えられたかは、自分ではなんとも……ですが。クレームは、ぜひともお手柔らかに、です。

前述の米倉先生に紹介してもらったゼミの学生さん、留学生の皆さんにもありがとうです。生の声は、記述の際に言葉を選ぶ参考としても、おおいに役だってくれました。

そして、著者が駅の構内で、はいったカフェで、泊まったウイークリーマンションで、街角で、突然声をかけて話をきかせてもらった、数えきれない佐賀の人たちにも、この場を借りて感謝の気持ちを表したく思います。


最後に。プロローグにも書いた大学の後輩については、取材と並行してひそかに消息をさぐってはみたのですが、やはり35年の歳月はいかんともしがたく、残念ながらタイムアウトとなりました。しかし、このインターネット時代、SNS時代は、思いもかけない再会を果たすこともあります。樋渡啓祐さんが日本会長をもつとめるフェイスブックあたりから、

「小林先輩、なんかオレのことば、本に書いたとですやろ。オレもすっかり忘れとったことばくさ、よくもまぁ覚えとんしゃあですね」

というメッセージが突然に届くかも、です。楽しみです。

そんなこんなを楽しく思い描きながら、昨年の年の瀬、谷村さんからの「小林さん、ちょっとい

いっすか？」に機を発した、約10カ月に及ぶ『佐賀の逆襲』に、いったんピリオド、じゃなくコンマを打たせていただきます。

引用・参考文献

日本の民俗41「佐賀」／市場直次郎／昭和47年10月／第一法規
日本の山河7「佐賀」／北小路健／昭和52年3月／国書刊行会
ふるさと文学館48「佐賀」／江頭太助・編／平成6年7月／ぎょうせい
私の佐賀県立佐賀高等学校二年十五組／土師俊資／２００9年4月／文芸社

[著者紹介]
小林由明（こばやし・よしあき）
1957年宮崎県延岡市生まれ。B型。九州大学農学部卒業後、広告代理店を経てフリーのライター、フォトグラファーになる。1997年から2000年までモロッコ・タンジールに移住。今は宮崎県五ヶ瀬町にて田舎暮らし実践中。著書に『ヨーロッパ激安バス旅行』（宝島社）『GObyBUS／Europe』（メタローグ）がある。趣味は手料理とサングリア作りと畑耕作とSNS（mixiとFaceBookにアカウントあり）。

装丁………山田英春
DTP制作………勝澤節子
編集協力………田中はるか
イラスト………工藤六助

佐賀の逆襲
かくも誇らしき地元愛

発行日❖2013年11月30日　初版第1刷

著者
小林由明
発行者
杉山尚次
発行所
株式会社言視舎
東京都千代田区富士見2-2-2 〒102-0071
電話03-3234-5997　FAX 03-3234-5957
http://www.s-pn.jp/
印刷・製本
㈱厚徳社

ISBN978-4-905369-73-8 C0336
JASRAC出1313388-301

言視舎刊行の関連書

978-4-905369-36-3

埼玉の逆襲

「フツーでそこそこ」埼玉的幸福論

郷土愛はないかもしれないが、地域への深いこだわりはある！　住んでいる人は意外と知らない歴史・エピソード・うんちくに加え、埼玉県人なら必ず経験したであろう「埼玉あるある」も満載。もう「ダサイタマ」なんて言わせない。

谷村昌平著

四六判並製　定価1400円＋税

978-4-905369-06-6

青森の逆襲

“地の果て”を楽しむ逆転の発想

笑う地域活性化本！　新幹線が開通しても、やっぱり青森は地の果て？　しかし青森には都市がなくしてしまった自然・歴史・文化があります。逆境を笑い・楽しんでしまう発想は必ず東北の復興につながります。

福井次郎著

四六判並製　定価1400円＋税

978-4-905369-12-7

茨城の逆襲

ブランド力など気にせず
「しあわせ」を追究する本

都道府県魅力度ランキングで茨城は２年連続最下位。でも、太陽、水、農業、方言、歴史そして人……茨城には「都会」にはない価値があふれています。「都会」のマネをしないが、本書の基本姿勢です。

岡村青著

四六判並製　定価1400円＋税

978-4-905369-27-1

島根の逆襲

古代と未来、地方と世界をむすぶ発想法

島根は神話の里として「隠れ里」の魅力にあふれています。古代から続く先端技術の蓄積も十分。長寿の「国」としての試みも。マイナスと思われていることがあらたな価値に反転する１冊。古代史謎解き観光情報多数で、旅行ガイドとしてもオススメ。

出川卓＋出川通著

四六判並製　定価1500円＋税

言視舎が編集・制作した彩流社刊行の関連書

978-4-7791-1071-9

群馬の逆襲

日本一“無名”な群馬県の「幸せ力」

笑う地域活性化本シリーズ１　最近なにかと耳にする「栃木」より、ちょっと前の「佐賀」より、やっぱり「群馬」は印象が薄く、地味？もちろんそんなことはありません。たしかに群馬には無名であるがゆえの「幸せ」が、山ほどあるのです。

木部克彦著

四六判並製　定価1400円＋税

978-4-7791-1082-5

高知の逆襲

混迷日本を救う「なんちゃじゃないきに」！

反骨、頑固、楽天気質！　龍馬をはじめとして土佐・高知はいつも「逆襲」モード。地元を元気にする情報を満載、他地域に応用でき、ひいては日本を活気づける知恵がここに。高知に学べば日本全体の「逆襲」が始まるかも。

木部克彦著

四六判並製　定価1400円＋税